# 思想政治教育规律问题研究

徐成芳 等／著

科学出版社
北京

## 内 容 简 介

本书采用统分结合的方法，通过“总论篇”、“专题研究篇”和“理论探讨篇”集中探究了思想政治教育的一些理论与实务问题。本书主要涉及社会主义大学思想政治理论课教学规律、社会主义民主党派思想政治工作的一般特点和规律、马克思主义中国化与中国现代化的关系、理论武器的多样性选择与马克思主义中国化的历史必然性、马克思共产主义观及教育启示、中国梦与青年教师和大学生的价值实现、美学及小班讨论等教学方法、高校研究生思想政治教育工作、民办高校校园文化建设、大学生手机依赖症的心理原因及防治对策、家庭环境对心理健康的影响等内容。

本书适合各行各业中从事思想政治教育工作的理论研究者、学习者和一线实际工作者阅读参考。

**图书在版编目（CIP）数据**

思想政治教育规律问题研究/徐成芳等著. —北京：科学出版社，2020.6

ISBN 978-7-03-065137-2

Ⅰ. ①思… Ⅱ. ①徐… Ⅲ. ①高等学校-思想政治教育-研究-中国 Ⅳ. ①G641

中国版本图书馆 CIP 数据核字（2020）第 080768 号

责任编辑：刘英红 / 责任校对：贾娜娜

责任印制：张 伟 / 封面设计：黄华斌

科 学 出 版 社 出版

北京东黄城根北街 16 号

邮政编码：100717

http://www.sciencep.com

北京厚诚则铭印刷科技有限公司印刷

科学出版社发行 各地新华书店经销

*

2020 年 6 月第 一 版 开本：720×1000 1/16

2021 年 5 月第三次印刷 印张：11

字数：220 000

**定价：98.00 元**

国家社会科学基金项目：中国共产党长期执政条件下意识形态建设规律研究（项目编号：17BDJ008）

教育部示范优秀教学科研团队建设项目（重点选题）：民族地区高校思想政治理论课实践教学研究（项目编号：18JDSZK037）

教育部高校示范马克思主义学院和优秀教学科研团队建设项目：习近平总书记系列重要讲话精神和治国理政新理念新思想新战略进思想政治理论课有效机制研究（项目编号：17DSZK010）

内蒙古自治区高校思想政治工作“名师工作室”陈智工作室

内蒙古自治区高校人文社会科学重点研究基地“马克思主义中国化与民族发展研究中心”

感谢以上项目和平台的资助与支持

# 前言

从字面上看，“思想政治教育”由“思想”、“政治”和“教育”三个概念组成。这三个概念，每一个都可以独立成为一个重大的范畴，每一个都充满魅力，每一个都具有非常丰富的内涵和极为重要的意义，它们赋予了“思想政治教育”以“思想”、“政治”和“教育”三重属性，教育人们有思想、有立场、有情怀。因此，那种把“思想政治教育”说成是“政治说教”和“洗脑”的观点，不是对“思想政治教育”的矮化，就是对“思想政治教育”的丑化。

当然“整体”不等于“部分”的简单相加，“思想政治教育”构成了一个独立完整的新概念，既是一项工作又是一门学问，值得与时俱进地深入研究。它内蕴了丰富的思想但并不是各种思想的简单堆砌，它具有政治属性但并不是政治学的移植，它具有教育属性但并不是教育学的翻版。任何性质的“思想政治教育”都是做人的思想工作和政治工作。马克思主义性质的“思想政治教育”是为了实现人的自由全面的发展而对人进行思想解放、思想塑造、政治塑造的教育活动。它不是从迷信出发立论，而是遵循人类社会发展规律、思想成长规律、思想政治教育工作规律的科学；它不是为了少数人的利益呐喊，而是为最广大人民的利益代言；它不是标榜所谓的价值中立，而是坚持真理与价值统一；它不是把人们引向神秘主义，而是倡导人们从实际出发、为真实崇高的目标而生活和发展。

古今中外，人类文明发展进程中，特别是进入阶级社会以后，思想政治教育就始终在场。历史上一切剥削阶级的思想政治教育，都具有阶级局限性和历史局限性。但是，作为人类历史发展进程中的文明形态，在具体的历史时空中又具有一定的合理性和进步性。对此，需要进行批判性的借鉴，需要进行创造性转化、创新性发展。马克思主义旗帜鲜明地把思想政治教育作为破除迷信、传播真理、凝聚人心，武装人民、教育人民、团结人民、解放人民、打击敌人、抵制错误思潮的重要手段。马克思主义哲学主张社会存在决定社会意识，社会意识反作用于社会存在；在一定条件下，物质和精神二者可以相互转化，理论一经掌握群众，也会变成强大的物质力量。中国共产党始终坚持马克思主义的指导地位，把马克思主义作为我们立党立国的根本指导思想，无论处于顺境还是逆境，我们党从未动摇对马克思主义的信仰，强调指导思想是一个政党的精神旗帜，强调思想政治工作是一切工作的生命线。正因为如此，中国共产党领导中国人民进行的革命、建设和改革事业一路披荆斩棘、开拓进取，不失去灵魂、不迷失方向，不断凝聚起亿万人民的强大力量，创造出了中华民族独立解放和伟大复兴的惊天伟业。

经过长期努力，中国特色社会主义进入了新时代，这是一个奋斗的时代，这是一个需要思想并产生思想的时代，也是一个需要理论并产生理论的时代。伟大斗争、伟大工程、伟大事业、伟大梦想，呼唤新时代思想政治教育发挥更大作用。新时代的思想政治教育，应当有新气象新作为，体现出世界眼光、国际水准、中国特色。我们作为新时代的思想政治教育工作者，感到使命光荣、责任重大，将不断研究思想政治教育规律，不断研究我们的民族、国家、社会、政党，以及我们自己和我们孩子的发展变化与思想需要，用充满“四个自信”的思想政治教育培育具有“四个自信”的大国公民，用践行“四个意识”的思想政治教育培育具有“四个意识”的社会栋梁。

# 目　录

# 总　论　篇

# 社会主义大学思想政治理论课教学规律问题研究*

徐成芳

**【摘　要】**对社会主义大学性质的确认和自信，是遵循社会主义大学思想政治理论课教学规律的立论基础和价值观前提。社会主义在根本性质上高于资本主义，从而决定了社会主义大学在根本性质上高于资本主义大学，我们对此必须要有清醒的自觉和高度的自信。思想政治理论课教学只有自觉遵循教学的根本规律、基本规律和具体规律，才能在全过程育人、全方位育人、全员育人中发挥明道、亮剑和引领功能，实现思想政治理论课教学的思想育人、政治育人、理论育人价值。

**【关键词】**社会主义大学　思想政治理论课教学　规律

重视人才培养质量是中华民族教育思想的精华。中国自古就确立了“大学之道，在明明德，在亲民，在止于至善”①的崇高标准，同时倡导“文质彬彬，然后君子”②的人才理念。这种明德为先、育人为本、止于至善、高举远慕的优质教育思想，仍是当今中国在社会主义条件下办好世界一流大学优秀的本土文化根基。目前正在如火如荼开展的高校思想政治理论课教学质量年活动，高高举起了质量的旗帜，对思想政治理论课尤其是我国高等教育提出了更高的质量要求。提高思想政治理论课教学质量必须遵循教学规律，认真学习贯彻习近平同志提出的基本要求：“做好高校思想政治工作，要因事而化、因时而进、因势而新。要遵循思想政治工作规律，遵循教书育人规律，遵循学生成长规律，不断提高工作能

---

* 本文系国家社会科学基金一般项目“中国共产党长期执政条件下意识形态建设规律研究”（项目编号：17BDJ008）和辽宁省社会科学规划基金（思政专项）项目“大学生网络同辈群体意见领袖培育研究”（项目编号：L16BSZ034）的阶段性成果。

①（春秋）孔丘、（战国）孟轲，等：《四书五经》，北京出版社2006年版，第177页。

②（春秋）孔丘、（战国）孟轲，等：《四书五经》，北京出版社2006年版，第23页。

力和水平。”[①]

## 一、社会主义大学的历史定位

对社会主义大学性质的确认和自信，是遵循社会主义大学思想政治理论课教学规律的立论基础和价值观前提。曾几何时，一些人认为大学没有什么姓资姓社的问题，中国要办世界一流大学就得按照西方的标准办，不能讲什么中国特色。这引起了不小的思想混乱，甚至产生了诸如中国高校党委领导下的校长负责制是否合理、大学开设思想政治理论课是否必要的疑问。习近平同志在全国高校思想政治工作会议上强调：“我们的高校是党领导下的高校，是中国特色社会主义高校。”[②]这种从实际出发、实事求是、旗帜鲜明、清清楚楚的定性表态，是对中国大学性质问题上的意见纷争的明确回答，体现了高度的道路自信、理论自信、制度自信和文化自信。

中国高等教育发端于封建社会末期，经过中华民国时期的发展初具规模。但是，中国高等教育的真正发展壮大还是在中华人民共和国成立以后，特别是改革开放以后，随着科教兴国、人才强国战略的实施，我国的高等教育已经从精英化教育阶段进入大众化教育阶段。尽管由于历史原因与发达资本主义国家一些知名大学相比我们暂时还有一定差距，但是我们也具有突出优势，对此要有清醒的自觉和高度的自信。

首先，社会主义大学在指导思想上占据了人类自由解放的制高点。马克思主义提出的“代替那存在着阶级和阶级对立的资产阶级旧社会的，将是这样一个联合体，在那里，每个人的自由发展是一切人的自由发展的条件”[③]，确立了人类自由解放的最高境界。社会主义大学坚持以马克思主义为指导，它能够在强调民族性的同时捍卫全人类的共同利益和尊严，推动世界和平发展、合作共赢。

其次，社会主义大学具有卓越的先进性。社会主义大学作为一种社会存在，它的性质是由社会性质决定的。在人类社会进步的阶梯上，资本主义是社会主义的前阶。社会主义从理念到形态都是高于资本主义的，可以说具有比资本主义优越的根本性。所以，社会主义社会的大学即使办学水平暂时低于资本主义发达国家的一些大学，但是仍然拥有因对资本主义持有辩证的否定观而具备超越资本主

---

① 习近平：《习近平在全国高校思想政治工作会议上强调：把思想政治工作贯穿教育教学全过程 开创我国高等教育事业发展新局面》，《人民日报》2016年12月9日，第1版。

② 习近平：《习近平在全国高校思想政治工作会议上强调：把思想政治工作贯穿教育教学全过程 开创我国高等教育事业发展新局面》，《人民日报》2016年12月9日，第1版。

③ 《马克思恩格斯选集》第1卷，人民出版社2012年版，第422页。

义的先进性。

最后，社会主义大学肩负着培养德才兼备人才的历史使命。习近平同志指出："我国高等教育肩负着培养德智体美全面发展的社会主义事业建设者和接班人的重大任务。"[①]培养德智体美全面发展的一流人才，是社会主义大学的根本目标。资本主义大学培养的人才，是资本主义社会的统治者为了维护、巩固其自身利益而培养的"实用工具"，是统治者使用标准流水线生产出来的单向度的人。相比之下，社会主义大学培养的人才更具有正确的政治方向、远大理想、为人民服务的情怀和奉献精神，不仅能够为实现中国"两个一百年"奋斗目标服务，而且能够为人类文明健康发展作出更大贡献。

## 二、社会主义大学思想政治理论课的教学规律

"思想""政治""理论""大学""课程""教学"等，都是人类共有的概念、事物或活动。但是，它们作为具体历史时空和制度条件下的具体范畴又都具有或被赋予了具体的、历史的和现实的内涵。任何事物的发展，都有其自身的规律性。教学规律是指教学活动诸因素之间的、内部的、本质的联系和发展的必然趋势。[②]资本主义大学通过开设哲学、神学、政治学、经济学、社会学等具体课程，进行课程德育。社会主义大学则把课程德育和德育课程结合起来，把思想政治理论课列为公共必修课，这实际上体现出了更高的思想自觉、政治自觉和理论自觉。目前，关于我国思想政治理论课教学规律的研究已取得了很多成果，值得认真学习和运用。但是，其也存在一些问题，如对规律的概括种类繁多且较为碎片化，特别是缺少对根本规律的认识和把握。对此，我们提出这样的观点供读者批评参考。

第一，社会主义大学思想政治理论课教学的根本规律，就是综合运用教学手段培养大学生形成正确的思想信仰、政治立场和理论观点。它表面上看可能是任务，但事实上这是一条贯穿思想政治理论课教学全过程全方位的一根红线、一条规律。习近平同志强调："要坚持把立德树人作为中心环节，把思想政治工作贯穿教育教学全过程，实现全程育人、全方位育人。"[③]这是一个总体要求，也是阐述思想政治理论课教学根本规律的一段话。立德树人是中国特色社会主义大学的立身之本，是思想政治理论课教学必须遵循的根本规律。运用多种教学手段培养大

---

① 习近平：《习近平在全国高校思想政治工作会议上强调：把思想政治工作贯穿教育教学全过程 开创我国高等教育事业发展新局面》，《人民日报》2016年12月9日，第1版。

② 王光宇编著：《教学规律与教学改革》，冶金工业出版社1989年版，第20页。

③ 习近平：《习近平在全国高校思想政治工作会议上强调：把思想政治工作贯穿教育教学全过程 开创我国高等教育事业发展新局面》，《人民日报》2016年12月9日，第1版。

学生形成正确的思想信仰、政治立场和理论观点，简而言之就是立德树人，是贯穿全部教学活动的一条主线，它规定了思想政治理论教学的性质、目的和根本任务。思想政治理论课教学的特点就是指向人的思想信仰，塑造人的精神灵魂。要牢牢把握并处理好“教育的思想和思想的教育”和“教育的使命和使命的教育”的关系。[①]如果思想政治理论课教学只是传授知识，而没有进行思想信仰和使命的塑造，没有政治立场的确立，没有教人学会运用马克思主义理论提出问题、分析问题、解决问题，那么这个课程就没有灵魂，这种教学就没有铸魂，也就违背了思想政治理论课教学的根本规律。

第二，社会主义大学思想政治理论课教学的基本规律，就是围绕根本规律综合运用一般规律正确处理教学基本要素关系的一套规矩。习近平同志指出：“要遵循思想政治工作规律，遵循教书育人规律，遵循学生成长规律，不断提高工作能力和水平。要用好课堂教学这个主渠道，思想政治理论课要坚持在改进中加强，提升思想政治教育亲和力和针对性，满足学生成长发展需求和期待。”[②]这些都是思想政治理论课教学应当遵循的基本规律。我们要遵循这些规律，正确处理“思想”、“政治”和“理论”三者之间的关系，即正确处理理论与人的关系、教书与育人的关系、教学与教学对象的关系，正确处理教师和学生之间的主客体关系与主体间关系；要兼顾学理性、思想性、理论性、政治性，不能空喊政治口号，也不能脱离现实政治去讲思想讲理论；要运用科学的理论武装人，不能只教书不育人，不能在小麦“灌浆期”缺少阳光、水分和营养的有效供给；坚持教师的主导性，即使强调主体间性，也不能忽视教师的指导地位和作用。

第三，社会主义大学思想政治理论课教学的具体规律，就是把根本规律和基本规律具体化的立德树人系列路径。比如，教学内容上教材体系向教学体系转化、知识体系向信仰体系转化过程中，要注意对接学生思想，落脚点在转化学生思想上。教学方法方面，坚持教与学的辩证法，灵活运用教师主讲、学生讨论、师生对话等手段，合理发挥教师和学生双方的积极性与主动性。例如，大连理工大学开展的“大班授课、小班讨论”教学模式，提高了课程的针对性、参与性和实效性。从文本案例分析到视听案例讨论、从现场案例报告到习近平治国理政“三新三进”核心案例提炼，不断创新案例教学新模式。此外，还尝试探索多种教育方式，如恰当穿插诗朗诵、红歌会、主题影评等文艺元素，都收到了良好效果。教学载体方面要主次分明，课堂教学是高校思想政治工作中最重要的“一段渠”，

---

① 陈宝生：《切实推动高校思想政治工作创新发展》，《光明日报》2017 年 8 月 4 日，第 11 版。

② 习近平：《习近平在全国高校思想政治工作会议上强调：把思想政治工作贯穿教育教学全过程 开创我国高等教育事业发展新局面》，《人民日报》2016 年 12 月 9 日，第 1 版。

是主阵地中最重要的“责任田”。课堂教学与网络教学、实践教学要相互补充，相得益彰，协同发展。

## 三、积极遵循社会主义大学思想政治理论课教学规律

积极遵循社会主义大学思想政治理论课教学规律，是教师的主体责任。习近平指出：“高校教师要坚持教育者先受教育，努力成为先进思想文化的传播者、党执政的坚定支持者，更好担起学生健康成长指导者和引路人的责任。要加强师德师风建设，坚持教书和育人相统一，坚持言传和身教相统一，坚持潜心问道和关注社会相统一，坚持学术自由和学术规范相统一，引导广大教师以德立身、以德立学、以德施教。”[①]这对广大教师当好人师、教好课程提出了新要求，并指明了努力的方向。

（1）明道：牢固树立“四个自信”（ 道路自信、理论自信、制度自信、文化自信）。思想政治理论课不是“水课”，也绝不能上成“水课”。教学必须有思想、有理论、有水平，传播知识、传播思想、传播真理，塑造灵魂、塑造生命、塑造人，在直面国际政治斗争和价值观竞争中坚定大学生理想信念，增强大学生“四个自信”。教师要做真学、真懂、真信、真用马克思主义理论的表率，练好马克思主义理论基本功，对国内外各种学理学说进行理论驾驭，避免成为错误思想的附庸。习近平同志强调：“意识形态工作是党的一项极端重要的工作。”[②]思想政治理论课是意识形态属性极强的课程，作为高校思想政治工作的主渠道，它是帮助大学生树立正确的世界观、人生观、价值观的核心课程。要在明辨是非和立场上下功夫，让我们的大学生不仅拥有系统扎实的专业知识，而且拥有明辨理论是非和政治立场的最强大脑。

（2）亮剑：直击“四个挑战”。当前国际形势纷繁复杂，中国特色社会主义取得巨大成就的同时，意识形态领域的斗争不仅没有削弱，反而更加激烈。当前，马克思主义指导思想面临多元化社会思潮的挑战，社会主义核心价值观面临市场逐利性的挑战，传统教育引导方式面临网络新媒体的挑战，培养社会主义事业建设者和接班人面临敌对势力渗透争夺的挑战。面对挑战我们决不能当逃兵和看客，必须集体亮剑。我们思想政治理论课教师队伍中偶尔也会有极个别西化思想严重的队友，在课堂上、论坛上、学生开题和中期汇报会上唱反调出杂音，对他们也

---

① 习近平：《习近平在全国高校思想政治工作会议上强调：把思想政治工作贯穿教育教学全过程 开创我国高等教育事业发展新局面》，《人民日报》2016 年 12 月 9 日，第 1 版。

② 习近平：《习近平谈治国理政》，外文出版社 2014 年版，第 153 页。

要适当亮剑，帮助他们并引导他们共同进步。思想政治理论课教学以正面教育为主传递社会正能量，但也要有强烈的问题意识，善于发现总结大学生关心的思想问题、政治问题、理论问题，并直指问题的要害亮出好剑、快剑，发挥思想政治理论课解决问题的功能和价值。

（3）引领：形成“四个正确认识”，引导大学生做“六有青年”。引领高于亮剑，因为亮剑是在“技”的层面对挑战的应战和回击，而引领则是在“道”的层面对理念和价值观进行的议程设置。我们要在“引领”大学生上下功夫，帮助他们正确认识世界和中国发展大势，正确认识中国特色和国际比较，正确认识时代责任和历史使命，正确认识远大抱负和脚踏实地。

总之，社会主义大学思想政治理论课教学有规律可循，而研究、把握和遵循其中的规律是一项长期任务，只要我们大家共同努力就能不断获得新认识、形成新概括、作出新贡献。

# 社会主义民主党派思想政治工作的一般特点和规律

徐成芳

**【摘　要】**社会主义性质的民主党派是中国独有的重大的政治现象，我国各民主党派在实现从阶级联盟性质的资产阶级政党到社会主义政党跨越的过程中，对其开展思想政治工作发挥了巨大作用，进而也形成了独具特色的历史传统、特点和规律。对此加以认识和把握将会为更好地坚持和完善中国共产党领导的多党合作和政治协商制度、为建设中国特色社会主义伟大事业提供更多的精神力量和智力支持。

**【关键词】**社会主义　民主党派　思想政治工作　特点　规律

社会主义性质的民主党派是中国独有的重大的政治现象，是中国对世界社会主义运动的特殊贡献。与执政的中国共产党把思想政治工作当作生命线相比，我国各民主党派对思想政治工作也相当重视。正因为如此，我国各民主党派才能接受中国共产党的领导和帮助，实现从阶级联盟性质的资产阶级政党到社会主义政党的跨越。因此，总结各民主党派思想政治工作的一般历史传统，认识和把握其一般特点与规律，有助于更加有效地开展各民主党派思想政治工作，将会在知识经济和网络文化兴起的时代为坚持和完善中国共产党领导的多党合作和政治协商制度、为建设中国特色社会主义伟大事业提供强大的精神力量和智力支持。

## 一、社会主义民主党派思想政治工作共有的一般历史传统

各民主党派共同的阶级基础和阶级地位，铸就了它们大致相同的政治主张、政治经历和政治走向，其思想政治工作形成了一些共有的传统。

第一，重视政治斗争和意识形态斗争。各民主党派都诞生在中国革命的大背景下，它们虽然较少参与武装斗争和经济斗争，但是它们一成立就有自己的政治

主张，并积极投身政治斗争和政治协商。事例浩繁，不胜枚举。特别值得一提的是，1946 年全面内战爆发后，各民主党派、爱国人士纷纷发表宣言、意见，谴责国民党。但在革命的关键时刻，青年党和民社党公开投靠国民党。为此，12 月 24 日，中国民主同盟（简称民盟）中常委召开会议，决定："参加'国大'，与本盟的政治主张显有出入。兹经本盟决议，认为民主社会党已碍难在本盟内继续合作，但对于不主张参加'国大'之民主社会党党员深表同情。至有民主社会党党籍之盟员，而参加'国大'者，应予退盟。"①这表明，政见的异同是其处理内外关系时决定弃取的关键。

第二，重视抓骨干、抓上层，也重视由骨干和上层做思想政治工作，类似现在的中心学习组。在民主革命时期，各民主党派思想政治工作的方法、手段和机制主要是：由各党派中央或主要领导人办报纸办书店，召开党内代表大会、高层会议，参与政治协商会议，举办和参加文化界招待会、民主宪政促进会、时事座谈会、群众大会，发表宣言、声明、演说和谈话。

第三，重视自我教育和自我扬弃。旧民主主义革命时期，各民主党派的纲领路线并不是完全成熟的，曾经对"中间路线"和国民党蒋介石抱有幻想。1947 年 10 月 28 日，国民党勒令解散民盟，其他各民主党派也被迫停止活动。这一事件使各民主党派思想政治工作倾向发生重大变化。各党派内部经过激烈的辩论，总结了过去斗争的经验和教训，批判和放弃了"中间路线"，宣布要坚决站在人民的民主立场，与中国共产党实行密切合作。

第四，重视人文关怀，不搞打击压服。各民主党派领袖大多是文化名人和社会名流，历次座谈会都是在互相尊重、自由交流、民主讨论和民主协商的氛围中进行的。事实证明，这是一个符合民主党派自身特点的好方法。

第五，主动争取中国共产党的帮助和领导，不断走向进步和革命。民盟成立以后，为争取合法地位，曾邀请国共两党的代表等召开茶话会。当国民党取缔各民主党派之后，各民主党派主动接受共产党的批评和帮助，重新制定政治路线，响应共产党关于"召集人民代表大会，成立民主联合政府"②的号召，奔赴解放区，表示"愿在中共领导下，献其绵薄，共策进行，以期中国人民民主革命之迅速成功"③。中华人民共和国成立以后，经过社会主义改造各民主党派成为"为社会主

---

① 中国民主同盟中央文史资料委员会编：《中国民主同盟历史文献（1941—1949）》，文史资料出版社 1983 年版，第 255 页。

② 杨建新、石光树、袁廷华编著：《五星红旗从这里升起》，文史资料出版社 1984 年版，第 3 页。

③ 中国民主同盟中央文史资料委员会编：《中国民主同盟历史文献（1941—1949）》，文史资料出版社 1983 年版，第 508 页。

义服务的政治力量”[①]，经受住了“文化大革命”和新时期种种政治风波的考验。中国共产党领导的多党合作和政治协商制度得到了巩固与发展。

## 二、我国各民主党派思想政治工作的一般特点

第一，党派性特点。各民主党派与中国共产党在法律面前是平等的，但在政治生活中的地位是不同的。中国共产党是执政党，各民主党派是接受中国共产党领导的参政党。各民主党派与一般的人民团体和一般人群也不同，它有纲领、路线、方针、领袖，有覆盖全国的组织网络，参加国家政权，参与国家领导人选的协商，参与国家重大方针政策的决策和执行，参与国家事务管理和民主监督。因此，各民主党派思想政治工作的特点就是强调加强党员对政党知识和政府知识的学习。首先，学习民主党派史。进行有关民主党派的历史、性质、地位、任务、作用和传统的教育。学习民主党派史不仅要学知识，更重要的是学“爱国、民主、跟共产党走”的传统。其次，学习有中国特色的政党理论，增强党派意识，做一个合格的参政党。中国共产党领导的多党合作和政治协商制度，是各民主党派开展工作的大的原则框架。各民主党派既不是在野党也不是反对党，更不以成为执政党为目标，而是接受中国共产党领导的亲密合作的友党、参政党。因此，任何无所作为的思想和“轮流坐庄”、“闹派性”、不合作的观点都是错误的。民主党派总是不断地教育自己的成员特别是新成员，认识中国共产党领导的多党合作和政治协商制度的理论依据与优点，树立坚定不移地接受中国共产党领导、加强自身建设、健全政党机制、发挥政党职能的观念，以便更好地为人民服务、为社会主义服务。

第二，界别特点。八个民主党派联系面虽各有侧重，但组织界限有所淡化。总的看来，它们几乎不与土地、军队相联系，与工厂、财界联系也较少，主要联系的是文化界、教育界、卫生界、科技界和工商业界的知识分子及名流，海外联系比较广泛。因此，新时期民主党派的思想政治工作，应特别注意针对成员的界别特点，增加思想政治工作的知识含量、科技含量，要有较高的水平、成熟的政治经验和智慧，要善于发现成员思想深处的疑惑、困惑，把一些大道理令人信服地娓娓道来，或巩固信念或实现转化或提高层次。

第三，层次性特点。层次性特点有两种：一种是进步、中间、落后的层次，这是思想上的层次。关于这种层次，周恩来曾经说过：“各党派的成员中总是有进步、中间和落后的，正如共产党员一样也有进步、中间、落后的。各党派就要在

---

① 朱建华、宋春主编：《中国政党史》，黑龙江人民出版社1991年版，第690页。

组织中不断地以为社会主义服务这个标准，把自己的成员锻炼成忠于社会主义事业的人，不断地推动他们进步，使中间状态的转向进步，摆脱落后。除原有的成员外，一个组织总还有新的成分进来，党派总还有发展，吸收进来的也有进步、中间和落后的，所以党派本身就具有不断改造不断推进的作用。”[①]周恩来是统一战线的理论家、组织者、指挥者和实践家，他的这一论述很精辟，在当下仍有现实意义。另一种是指组织上的层次性，即指成员的上层、中层、下层之别。上层人士具有较高的社会知名度和社会影响力，既是“点”又是“面”，做好他们的思想政治工作和由他们来做思想政治工作，都将带来巨大的社会效益；而中下层人士是各民主党派的未来，做好他们的思想政治工作，具有固本护基的重要作用。

第四，中介性特点。中国共产党和国家的一系列理论观点、方针政策的传达，社情民意的反映，大部分工作是由中国共产党来做，而有的工作由中国共产党出面去做却不如由民主党派来做更有效。因此，各民主党派的思想政治工作就具有中介性。比如，可以利用自身的智力优势、组织网络优势、海外联系广泛的优势，做好建言献策、讲学办学、支边扶贫、咨询服务、海外联谊、促进统一的工作；做好鼓舞士气、协调关系、化解矛盾、理顺情绪、反映社情民意的工作。

第五，地域性特点。地域性主要表现为城市性。各民主党派的组织和成员主要集中在城市特别是大城市，这使得各民主党派的思想政治工作具有相对的先进性，并为在地点、信息、内容、方式、机制和效率等方面开展工作带来便利。例如，可以通过欣赏高雅音乐、参观建设成就展、举办统战理论研讨会和演讲会等，直接邀请省区市乃至中央领导作报告等方式，生动活泼地开展思想政治工作也可以组织“文化、科技、卫生”的“三下乡”活动。这些活动的开展，既提高了各民主党派成员的思想政治素质，又实现了各民主党派成员的自身价值。

## 三、各民主党派思想政治工作的一般规律

如果说中国政治是一个大系统，那么各民主党派就是组成这个大系统的一个重要的子系统。大系统和子系统长期共存，互相监督，共同发展。子系统服务于大系统，大系统决定着子系统生存发展的样式和方向。在当代中国，遵守国家宪法是各民主党派思想政治工作根本的法律依据，接受中国共产党领导是各民主党派思想政治工作基本的政治前提。因此，贯穿各民主党派思想政治工作的过去、现在和未来的有如下三大规律。

第一，始终把坚持正确的政治方向放在各民主党派思想政治工作的首位，坚

---

① 《周恩来选集》下卷，人民出版社 1984 年版，第 395 页。

持中国共产党的领导不动摇，坚持走中国特色社会主义道路不动摇。各民主党派大多成立于新民主主义革命时期，一开始就主张反抗帝国主义的压迫，实现民族独立；主张民主政治，反对国民党一党专制。由于坚持这种爱国民主的政治立场，各民主党派不断走向进步和光明，直至接受中国共产党领导，走上社会主义道路。各民主党派自接受中国共产党领导以来，就坚持以毛泽东思想武装自己，取得了很大成绩。在改革开放的新时期，各民主党派通过了新的章程和决议，规定以邓小平理论、“三个代表”重要思想、科学发展观、习近平新时代中国特色社会主义思想武装头脑，指导工作。各民主党派的思想政治工作就是要坚持团结、稳定、鼓劲和正面宣传为主，引导成员正确地看待前进中遇到的困难和问题，进一步激发成员的爱国热情，振奋民族精神，坚定建设中国特色社会主义的决心和信心，增强建设中国特色社会主义的共识。

在这里，要正确处理坚持正确政治方向与思想自由、创新思维的关系。坚持正确的政治方向，并不是要搞“左”的那一套，而是讲“小道理”要服从“大道理”，要经受住参政条件下国内外复杂形势的考验，在大是大非问题上不糊涂，有清醒正确的政治方向性，坚持真理，排除“左”的和右的干扰。创新是一个民族的灵魂，思想自由是创新的条件。思想自由、创新思想是一个国家政治文明和兴旺发达的标志。但是，不能一提思想自由就理解为可以搞“资产阶级自由化”、搞打倒党和政府、炸毁社会主义上层建筑。这些行为不是思想自由，而是在破坏国家稳定、危害国家安全。各民主党派提倡的思想自由是坚持“四项基本原则”的思想自由，是如何把社会主义建设得更好的思想自由。半个多世纪的历史已经证明，正确处理了这个关系，各民主党派思想政治工作就向前发展，否则各民主党派的事业和党的事业就会受损害。

第二，把握大局，服务大局，自觉地围绕党和国家的中心工作，发挥自身特点和优势开展思想政治工作。我们国家在不同的时期，有不同的大局。半个多世纪以来，除了被迫停止活动的时期外，各民主党派的思想政治工作总是把握大局、服务大局，为抗日战争和解放战争的胜利，为社会主义革命和建设，为维护改革、发展、稳定的大局作出了积极贡献。各民主党派反对搞空头政治，它们总是围绕加强自身建设和提高参政议政水平来谈思想政治工作。比如，利用成员多数从事文教和科技工作的特点，把实施科教兴国战略作为思想政治工作和参政议政的重要方面；又比如，运用各自的智力资源或工商管理经验，努力把对西部开发的研究推向更高层次，积极为加入世界贸易组织后的中国企业出谋划策；利用海外联系广泛的优势为“一国两制”统一祖国服务等，都取得了明显成效。

第三，各民主党派思想政治工作是一个与时俱进的不断发展完善的过程。各民主党派的思想政治工作既受社会历史发展阶段制约，又服务于不同的社会历史发展阶段。在内容上，社会主义改造时期不同于社会主义建设时期，计划经济时期不同于社会主义市场经济时期；在机制上，成为参政党之前与之后不同，成为参政党之后不同的发展阶段也不同；在方法和手段上，由于时代前进和成员结构的变化也应日益丰富多彩。因此，我们决不能把政治上的保守当作政治上的成熟，否则就会导致尾巴主义、僵化和停滞；也决不能把政治上的风头主义、标新立异当作开拓精神和创新思维加以提倡，否则就会制造不安定因素，危害团结稳定的大局。

综上所述，我们初步探讨了社会主义民主党派思想政治工作的历史传统、一般特点和规律，这有助于克服今后工作的盲目性。有人说，现在各民主党派思想政治工作好做了，因为我们国家更加强大了，政治生活日益民主化法治化了，物质条件大大改善了，宣传手段更加先进了。也有人说，现在各民主党派思想政治工作不好做了，因为经济成分、利益主体、社会组织和社会生活方式多样化了，西方文化霸权主义由于网络文化的发展与我们更加短兵相接了。现实情况是，我们既有优势又面临挑战，因此我们必须善于借鉴经验教训，把握特点和规律。我们应该也必须在思想政治领域打一个大胜仗，形成新的第二条战线，配合经济建设主战场，为中华民族在21世纪的伟大复兴贡献力量。

# 高校马克思主义大众化应当处理好的五对关系

徐成芳　张　琦

【摘　要】高校是马克思主义大众化的重要平台和主渠道之一。高校马克思主义大众化必须处理好五对关系："创造理论、发展理论"和"坚持理论、传播理论"的关系，"学术性与大众化"的关系，"目的和效果"的关系，"教师和学生"的关系，"教学资源和行政性资源"的关系，只有这样才能取得良好效果。

【关键词】高校　马克思主义大众化　五对关系

马克思主义大众化的平台和途径有很多，如学校教育、电视、电影、广播、报纸、图书出版、网络、手机短信等。在众多传播方式中，学校教育由于是人与人直接面对面的"人际交流"，其交互性大大高于一般平面媒体的"人机交流"、"人纸交流"和"人屏交流"，优势非常明显。而高校在学校中居于较高层次，负责培养一个民族的中高级知识阶层，培养一个民族的知识精英和思想精英，它的地位和作用尤为重要。中西方高等学校的区别，关键就是我们有思想政治教育而西方没有。西方有人指责我们的马克思主义大众化是"洗脑"、"思想控制"和"文化专制"，是发明创造和科技进步的"障碍"。我们则认为，马克思主义大众化是我们的政治优势，是宝贵的文化资源，是发明创造和科技进步的重要条件，能够为中国特色社会主义提供精神动力和思想武器。那么，我们对马克思主义大众化性质和作用的定位是否实现了呢？我们的目的如何才能更好地实现呢？这是一个值得深入研究的问题。

## 一、创造理论、发展理论和坚持理论、传播理论的关系

一个民族如果不能站在理论的高峰，就很难站在科学的高峰，就很难以一个有文化的民族立于世界民族之林。所以，一个民族的理论能力至关重要，是国家

软实力的重要组成部分。但长期以来，一些人片面地认为理论能力就是创造理论的能力。其实不然，理论能力还应当包括坚持理论的能力、发展理论的能力、传播理论的能力。一个民族如果没有自己的理论是能力低下的、不幸的、悲哀的、软弱的。但是，有了好的理论却不能很好地坚持，不能与时俱进地发展和正确地运用，不能有效传播使之效益最大化，同样是令人遗憾的。

全国从事哲学社会科学研究的学者有 40 多万人，其中 30 万人在高校。因此，高校是创造理论、坚持理论、发展理论和传播理论的重要力量。但是，这里还要具体问题具体分析，马克思主义主要是马克思和恩格斯创造的，毛泽东思想主要是毛泽东及老一辈无产阶级革命家、思想家共同创造的，中国特色社会主义理论的创造，除了邓小平、江泽民、胡锦涛、习近平等人的特殊贡献外，也融入了广大专家学者的劳动，使之理论化、系统化，但是尽管如此，创造和发展马克思主义中国化的理论成果，不是高校的主要任务和功能，高校的主要任务和功能是坚持和传播它。也就是说，对于高校来说，首要任务是坚持和传播马克思主义理论，而不是创造和发展马克思主义理论。有了这样的功能定位，我们就会对高校的政治理论研究和政治理论课教学做到心中有数，并更加自觉。同时，应当把坚持和传播马克思主义理论的功夫做足、做好。人力、财力、物力等资源应当更加向如何坚持和传播马克思主义理论的领域引导、分配和倾斜。

## 二、学术性与大众化的关系

党和国家高度重视马克思主义理论的研究与宣传工作。一方面从设立马克思主义一级学科、加强重大科研立项方面加强学术研究，另一方面从加强“两课”教学，设立马克思主义大众化重大专项方面加强大众化工作。但是，现在有一种错误的倾向，即把马克思主义的学术性研究和马克思主义的大众化相对立、相脱节。一些人喜欢把学术性当作阳春白雪，把大众化当作下里巴人。相反，也有一些人认为大众化不需要学术支撑，认为从事大众化教育根本不需要进行学术研究，仅满足于把书本上的东西复制出来就万事大吉了。显然，这两种观点都有片面性。从事精深研究的人也应当更加关注、努力推进普及工作，善于把深刻的思想和学理浅显易懂地表达出来与传播出去。从事大众化的工作者也应当更加注重提高自己的学识水平，更加融会贯通地传播最新成果，避免把知识点和道理讲错、讲漏、讲浅、讲歪。

学术性取向往往重视尽可能深刻地描述事物或理论内部的复杂结构，阐明现象背后的规律和道理。大众化取向往往注重把复杂的道理简单地表达出来，让人们易于理解和掌握。这两种取向导致两种截然不同的行为特点。但是，由于高校马克思主义大众化是面向知识分子的理论传播工作，这种理论传播又是在与形形色色的意识形态领域的挑战性思潮辩论中进行的，因而具有很强的思想性、价值性，这就要求高校的马克思主义大众化要有理论深度、思想深度、价值深度，要求大众化是有学术支撑的大众化，而马克思主义的学术性研究又必须是面向实际、面向实践、面向人、面向世界、面向现代化的学术性，不是为学术而学术，不是忽视人、忽视物、忽视社会思潮的学术研究。因此，学术性不应当嘲笑、轻视大众化，大众化也不应当拒绝、排斥学术性。高校的政治课教师只有把学术性和大众化有机统一起来，才能真正做好高校中的马克思主义大众化工作。

## 三、目的和效果的关系

我们常常面临一种尴尬：我们有指导我们从胜利走向胜利的马克思主义中国化的毛泽东思想，有产生于伟大的中国特色社会主义实践的伟大的中国特色社会主义理论，有执政党积极推进的意愿和庞大的组织网络，有学科体系平台和经费保障，有广大辛勤工作的一线教师，有渴望思想进步成熟长大的广大青年，总之是有好的理论、党的重视、众多教师和青年们成长的需求，但是实践中常常感到推进马克思主义大众化很难，效果并不理想。我们认为原因主要有两个。

首先，对“目的”的理解不够到位。现在一提起思想政治教育的目的、马克思主义大众化的目的，很多人就想起这是党中央的目的、领导者的目的、主管部门的目的，而不是自己的目的，不是学生的目的。因此，基于这种对“目的”的认识，目的便很难达到，“两张皮”现象时有出现。这种状况与马克思主义传入中国和指导中国革命的时期不同，当时中国的执政党和政府对马克思主义是打压的态度，马克思主义一开始就和一部分知识分子追求真理、老百姓翻身解放、中华民族独立相结合，信仰马克思主义是每一个追求解放的个体生命的自觉的目的。革命胜利后，成立了中华人民共和国，当年的革命党成为执政党，人民当家做了主人，革命的任务似乎已经完成了，指导革命胜利的理论的使命似乎也终结了。因此，一方面新的历史条件下理论必须与时俱进向前发展，必须继续反映人民大众的需要、愿望、目的，从而把“人民的目的”变成“党的目的”；另一方面，发展了的理论还必须让人民知道、理解、掌握和运用，把“党的目的”内化为“人民自己的目的”，自觉地去贯彻。这就要求传播者和受众“真学、真信、真懂、真用”。

其次，忽视“目的”和“效果”的统一。重视二者统一者，才是有的放矢；忽视二者统一者，难免无的放矢。但是现实中，人们很少认真对待这个问题。我们是否围绕着“什么是我们的目的、怎样实现我们的目的、我们的目的实现的效果怎样”等问题进行了认真的思考？我们发现目的与效果背离的现象了吗？找到解决的办法了吗？发现成功的经验了吗？这种经验是可以复制和推广的吗？“目的”和“效果”就像“牛郎”与“织女”，常年总是中间隔着银河，一年或许才能见上一面。“鹊桥”、“船”和“航天器”在这里成为关键的制约因素。高校的思想政治教育工作者应当是目的和效果统一论者。不仅要有好的目的，而且要有好的效果，甚至可以说更重要的是要有好的效果。

## 四、教师和学生的关系

在高校中推进马克思主义大众化，主要是去“化”学生。教师是最主要的工作群体，学生是最主要的工作对象。师生关系是最重要的一种关系。如果师生都有积极性，效果将是最好的；如果是师生的一方面有积极性，另一方面没有积极性，效果则次之；如果师生双方都没有积极性，效果将是最差的。师生之间是辩证统一的关系，其中教师是主导，是实施教育行为的主体；学生是教育的对象，也是自身学习内化的主体。教师从事教育的宗旨应当是一个“目的复合体”，也就是说不仅要传承知识，而且要培养能力，更要提高学生的综合素质。现在的问题是，从表面上看是学生似乎不爱学，其实关键在于教师没有很好地教。教师和学生之间隔着一堵看不见的墙。教师是为了自己的工作，学生是为了自己的学分。教师的教学行为和学生的学习行为，都不关乎思想，仅仅关乎自己的利益。在这种状态下，马克思主义大众化渐渐地被象征化、虚化，甚至被异化。

在师生关系中，关键的还是教师。学生亲其师，才能信其道。教师如果都是开着轿车来上课，下课就开车离开去忙生意，既不想了解学生，也不去了解学生，反正自己的教学任务完成了。学生则是拿着小说来听课，下课就又去忙别的，既不想听老师要讲些什么，也不去想老师讲了什么，反正自己点名答到了，考试学分拿到了。虽然师生见面了，但是却没有交流，没有思想和情感的碰撞与融通。我们应当提倡教师去了解自己的教育对象，走进课堂，走进食堂，走进宿舍，走进操场，走进图书馆，走进学生的活动空间和活动本身，进而走进学生的心灵，了解他们对待马克思主义的态度和掌握的状况，了解他们的需要、困惑、情绪、期待，了解他们的世界观、价值观、人生观、爱情观，只有这样，“上大课”才有人听，“促膝谈心”才有效果。

## 五、教学资源和行政性资源的关系

要搞好高校马克思主义大众化，需要特别利用好两个方面的资源。所谓教学资源，包括学科建设、课程建设、教材建设、队伍建设、图书资料建设、教学案例库建设、研究基地建设、实践基地建设、教学硬件建设、教学软件建设。既要注重硬件的建设和共享，也要注意先进教学经验的建设和共享。所谓行政性资源，包括学校党委宣传部、团委、教务处、学生处、学科处、科研处、研究生处等部门所拥有的动员和组织职能，可以针对青年人的特点，以活动为平台，以表扬奖励为激励，为教学提供领导、保障、服务和支持。

在高校里，教学资源的建设和共享，一刻也离不开行政性资源的领导、保障、服务和支持。行政性资源的存在价值主要也应该体现在为教学科研服务并获得较高的教学质量和科研成果上。但是，有一些情况必须引起人们的重视，即过度政治化倾向。行政权力远远高于学术权力、机关内部不协调等，影响了人们对教学的热情。因为它鼓励的不是干事、干成事，而是鼓励围绕行政权力开展竞争，把人们的注意力从认认真真教学科研的第一线引离。

总之，高校是马克思主义大众化的重要平台和途径。如果不能处理好高等学校内部一系列重要关系，就不能有效地推进马克思主义大众化。其中，创造理论和发展理论及坚持理论和传播理论的关系、学术性与大众化的关系、目的和效果的关系、教师和学生的关系、教学资源和行政性资源的关系极为重要，必须予以高度重视并妥善处理。

# 专题研究篇

# 让青年教师为实现中国梦流光溢彩

徐成芳

2013年5月，中共中央组织部、中共中央宣传部、中共教育部党组联合发布了《关于加强和改进高校青年教师思想政治工作的若干意见》，这是深入贯彻落实党的十八大精神、加强高校青年教师队伍建设、提高青年教师思想政治素质、促进青年教师全面发展、引导广大高校青年教师为实现中华民族伟大复兴的中国梦贡献力量的战略性举措，对今后一个时期高校青年教师思想政治工作具有重要的指导意义。

中国特色社会主义事业是面向未来的事业，需要一代又一代有志青年接续奋斗。青年是当代社会发展的重要因素，是未来社会发展的决定因素。高校青年教师是教师群体中的青年、青年群体中的教师，在大学生群体中具有极大的同辈影响力和引领力。回想五四运动，一大批新文化运动的主将都是高校青年教师，如李大钊30岁、陈独秀40岁、鲁迅38岁……他们对爱国、进步、民主、科学的态度，对中西方社会思潮的评判和抉择，直接影响着未来的栋梁——大学生群体。他们是离大学生最近的精神导师、人生楷模、参照样板，对大学生的思想行为影响更直接，对大学生的示范引导作用更强大。毛泽东在回忆陈独秀时说："我第一次同他见面是在北京。当时我在国立北京大学，他对我的影响也许比其他任何人的影响都大。"[①]"一九二〇年我第二次前往上海。在那里我再次见到了陈独秀。""曾经和陈独秀讨论我读过的马克思主义书籍。在我一生中可能是关键性的这个时期，陈独秀表明自己信仰的那些话给我留下了深刻的印象。"[②]

中国自古就高度重视教育，并有在培养大人之学时重视培育光明大德和人生崇高境界的优良传统。《礼记·大学》开宗明义："大学之道，在明明德，在亲民，

---

①人民出版社编：《毛泽东一九三六年同斯诺的谈话》，人民出版社1979年版，第37页。

②人民出版社编：《毛泽东一九三六年同斯诺的谈话》，人民出版社1979年版，第37、41页。

在止于至善。”[①]弘扬高尚的道德、使人追求至善，是使青年人具备大学问、担当大任务、完成大使命的根本要领。首先在“道”的层次上而不是在“技”的层次上提出问题和解决问题，这是中国教育的高明之处。

在风雨如晦的近代中国，为了实现民族的复兴，国学大师梁启超把希望寄托于青年。他创作了《少年中国说》，用以唤起中国少年的责任意识：“制出将来之少年中国者，则中国少年之责任也。”[②]在与“老年中国”相对的语境下，“少年中国”和“中国少年”就是分指“青春中国”和“中国青年”。

中国共产党历来高度重视青年，始终把青年看作祖国的未来和民族的希望，看作中国特色社会主义事业的未来和希望。毛泽东曾生动地把青年比作早晨八九点钟的太阳，指出青年是整个社会力量中最积极最有朝气的力量。邓小平也指出，青年一代的成长，是我们事业必定要兴旺发达的希望所在。江泽民、胡锦涛、习近平也一再重申青年兴则国兴、青年强则国强的道理。

当前，我国高等教育在完成从精英教育到大众化教育的历史性转变之后，正处于转变发展方式的关口。我国仅仅用十年的时间就完成了发达国家二三十年才完成的任务，为建设人力资源强国奠定了坚实的基础，这其中也凝聚了广大高校青年教师的智慧和汗水。国际高等教育竞争的实质是人才的竞争，竞争的灵魂是价值观的竞争。目前，高校青年教师主体积极健康向上，拥护党的领导，对坚持和发展中国特色社会主义充满道路自信、理论自信、制度自信和文化自信，热爱教书育人事业，关心关爱学生。但也存在一些问题，如少数青年教师政治信仰迷茫、理想信念模糊、职业情感与职业道德淡化、服务意识不够强、个别教师言行失范；一些地方和高校把对青年教师思想政治工作当作“软任务”而不是“软实力”，重视不够，工作方法不多，工作的针对性和实效性不够强。对于这些问题，既不用大惊小怪，也不能听之任之，而应该及时地、满怀信心地、恰当地加以解决。

只要我们善于把握青年教师思想政治工作规律，按照《关于加强和改进高校青年教师思想政治工作的若干意见》的要求，尊重青年教师、关爱青年教师、培养青年教师，就能促进青年教师的全面发展，确保高校社会主义办学方向和稳定发展，为实现中华民族伟大复兴的中国梦培养德智体美全面发展的社会主义建设者和接班人。

---

①（春秋）孔丘、（战国）孟轲，等：《四书五经》，北京出版社 2006 年版，第 177 页。

② 梁启超：《饮冰室合集》第 2 册，中华书局 2015 年版，第 395 页。

# 中国梦引领大学生价值实现探析*

张艳宏　徐成芳

**【摘　要】**当代大学生实现个人理想与实现中华民族伟大复兴中国梦之间的关系，从本质上可以归结为个人价值与社会理想、个体发展与社会整体发展的关系。中国梦为大学生实现个人梦想创造广阔空间，为大学生能力全面发展提供舞台，为大学生社会关系的丰富和全面占有创造条件。大学生对个体、世俗和物质价值的倾斜使个人与社会、世俗与理想、物质与精神之间处于冲突和对抗状态。协调好大学生个人价值和国家梦想之间的关系，必须以中国梦引领大学生树立坚定的理想信念，树立通过劳动实现梦想的价值观，练就实现自我价值的过硬本领。

**【关键词】**中国梦　大学生　个体价值　共同理想

梦想之于目标就是理想。实现中华民族伟大复兴，是中华民族近代以来最伟大的梦想，是全国各族人民的共同理想。中国梦是国家之梦，也是个人之梦，是国家梦和个人梦的统一。当代大学生的个人梦与国家梦、个体价值与社会理想之间有一致也有矛盾的地方。这种矛盾张力的平衡，一方面需要以中国梦引领大学生树立共同的理想目标，另一方面需要关照大学生实现自我价值的内在需求。只有协调好大学生个人理想和国家整体梦想之间的关系，才能使中国梦在青年大学生的接力奋斗中变为现实。

## 一、中国梦是国家梦和个人梦、社会理想和个体价值的统一

习近平同志在参观《复兴之路》展览时第一次提出了中国梦思想："实现中华

---

* 本文系国家社会科学基金项目"坚持马克思主义在我国意识形态领域指导地位深层次研究"（项目编号：09BKS039）、辽宁省高校党建理论立项研究课题重大项目"高校青年教师信仰状况与信仰塑造的一般规律问题研究"（项目编号：GXDJ2012-B001）的阶段性成果。

民族伟大复兴，就是中华民族近代以来最伟大的梦想。这个梦想，凝聚了几代中国人的夙愿，体现了中华民族和中国人民的整体利益，是每一个中华儿女的共同期盼。”①中国梦既表达了全体中国人的宏伟愿景，也包含了每一个人的个体期待。

中国梦的基本内涵是“国家富强、民族振兴、人民幸福”②。从主体维度看，中国梦有三个层面：国家和民族的层面、人民共同要求的层面和个人追求的层面。民族振兴与国家富强是同一层面的国家梦，与人民追求幸福的梦想是一致的。实现中华民族伟大复兴中国梦的历史性标志就是实现社会主义现代化。党的十八大报告从经济、政治、文化、社会、生态五个方面阐述了全面建成小康社会、实现社会主义现代化的具体内涵，即把中国建设成为一个富强民主文明和谐的社会主义现代化国家。“五位一体”总体布局揭示了国家富强、民族振兴和人民幸福的一致性。一方面，国家富强、民族振兴是人民幸福的前提和基础，只有国家的繁荣富强才能确保人民美好生活梦想的实现。另一方面，人民幸福是国家富强、民族振兴的根本目的和最终归宿。“我们的人民热爱生活，期盼有更好的教育、更稳定的工作、更满意的收入、更可靠的社会保障、更高水平的医疗卫生服务、更舒适的居住条件、更优美的环境，期盼着孩子们能成长得更好、工作得更好、生活得更好。人民对美好生活的向往，就是我们的奋斗目标。”③人民幸福是中国梦的出发点和落脚点，是衡量中国梦能否实现的标尺，是检验中国梦实现与否的试金石。

中国梦不仅是国家富强和人民幸福的有机统一，也是国家之梦和个人之梦的辩证结合。一方面，个人梦是构成国家梦的基石，14 亿中国人对美好生活的追求和出彩人生的向往是实现中国梦的动力与源泉。离开 14 亿普通中国人的个人梦，中国梦就失去了其存在的意义。另一方面，国家梦是个人梦得以实现的根本保障。所谓“大河有水小河满”，国家发展了，社会环境好了，个人才有做梦的机会，才有逐梦、圆梦的现实条件。“历史告诉我们，每个人的前途命运都与国家和民族的前途命运紧密相连。国家好，民族好，大家才会好。”④

现实中，个人梦与国家梦不是自然统一、完全一致的。这是因为随着市场经济体制的建立和改革开放的深入发展，传统的同质化、单一性的社会格局已经被利益多元、个体意识觉醒的社会所取代。社会利益分化、社会结构固化、理想价

① 习近平：《承前启后 继往开来 朝着中华民族伟大复兴目标奋勇前进》，《人民日报》2012 年 11 月 30 日，第 1 版。

② 习近平：《习近平谈治国理政》第 2 卷，外文出版社 2017 年版，第 39 页。

③ 习近平：《始终与人民心相印共甘苦——中共中央总书记习近平在十八届中央政治局常委与中外记者见面时的讲话》，2012 年 11 月 22 日，http://theory.people.com.cn/n/2012/1122/c112851-19667024.html。

④ 习近平：《承前启后 继往开来 朝着中华民族伟大复兴目标奋勇前进》，《人民日报》2012 年 11 月 30 日，第 1 版。

值多元化日趋明显，现实生活中个人发展需求与国家整体发展目标存在差异、对立，已经成为转型期我国社会发展的一对现实矛盾。如何平衡两者之间的矛盾，将国家富强之梦和人民幸福之梦联系起来，将民族之梦和个人之梦协调起来，这是关系到中国梦能否实现的一个重要问题。

## 二、中国梦与大学生个人价值关系辨析

当代大学生与中国梦之间的关系，本质上可以归结为个人价值与社会理想、个人的发展与社会整体发展的关系。从历史上看，自原始社会末期出现脑体分工直到资本主义私有制社会，个体价值和发展与人类整体梦想和发展之间一直存在着比较大的矛盾和对抗，人类整体的发展和进步往往是以绝大多数个体片面的、畸形的发展作为代价的。马克思认为，只有在未来的共产主义社会里，随着阶级和阶级斗争的消灭，随着自发的、强制的、固定的旧式社会分工的消除，人类个体的发展与社会整体的发展关系才会呈现新型的关系。“人类的才能的这种发展，虽然在开始时要靠牺牲多数的个人，甚至靠牺牲整个阶级，但最终会克服这种对抗，而同每个个人的发展相一致。”[①]到那时，“任何人都没有特殊的活动范围，而是都可以在任何部门内发展，社会调节着整个生产，因而使我有可能随自己的兴趣今天干这事，明天干那事，上午打猎，下午捕鱼，傍晚从事畜牧，晚饭后从事批判，这样就不会使我老是一个猎人、渔夫、牧人或批判者”[②]。按照马克思的思想，人的全面发展是共产主义的最高原则。作为共产主义低级阶段的社会主义，促进人的全面发展是建设社会主义新社会的本质要求，是中国梦的出发点和落脚点。

当代大学生是富有梦想的一代，他们的个人梦想从根本上说与中国梦是一致的。第一，中国梦为大学生实现个人梦想创造广阔的空间。“成才梦”、“创业梦”和“报国梦”是当代大学生的主要梦想，他们追逐个人梦想的过程恰逢“两个一百年”伟大目标实现的过程。一方面大学生是实现中国梦的中坚力量，另一方面中国梦也将为大学生提供实现梦想的广阔空间，营造经过奋斗便能生活得更好的价值理念，使他们共同拥有人生出彩的机会，共同拥有梦想成真的机会，共同拥有同祖国和时代一起成长与进步的机会。中国梦对个体价值的包容与肯定，与大学生追求自我价值实现的内在需求是一致的。第二，中国梦为大学生能力的全面发展提供舞台。大学生的发展具有面向未来和无限发展的特点，随着社会发展水

①《马克思恩格斯全集》第34卷，人民出版社2008年版，第127页。
②《马克思恩格斯文集》第1卷，人民出版社2009年版，第537页。

平的提高和人的需要向更高层次的发展，必然需要人的能力的更高的更全面的发展。伴随着“两个一百年”奋斗目标的实现和中国梦的实现，会持续不断地创造出新的职业领域和新的劳动需求，这将为青年大学生个人能力的多样、全面发展提供更广阔的舞台。第三，中国梦为大学生社会关系的丰富和全面占有创造条件。社会关系的丰富和全面占有是人的全面发展的根本标志。马克思说：“只有在共同体中，个人才能获得全面发展其才能的手段，也就是说，只有在共同体中才可能有个人自由。”[①]中国梦这一共同目标，将在人与自然、人与社会、人与自身等人的社会关系的各个方面不断呈现出新的方面和新的特点，为大学生社会关系的丰富和全面发展创造条件。

当然，从现实来看，大学生的个人价值与社会理想、个人利益与国家整体利益之间也不是完全一致的。有学者指出，当下的一些大学生正在成为“绝对、精致的利己主义者”，其意是指有知识、高智商的大学生正以最大限度地获取一己私利作为人生的唯一动力和目标。这种个人价值取向与社会理想之间总体上呈现既相互渗透又紧张冲突的矛盾张力状态，一方面大学生对集体主义、理想主义和高尚的精神生活抱有强烈的向往，另一方面大学生对个人主义、世俗生活和物质利益表现出相当大的热情。这两方面的矛盾在很大程度上造成了大学生内心深处个体与整体、理想与世俗、精神与物质的对抗和冲突，导致大学生价值迷惘、信仰危机和心灵焦虑。为此，必须以中国梦的共同理想引领大学生协调和平衡好一元和多元价值、整体和个体价值、理想和世俗价值、精神和物质价值之间的关系。

## 三、以中国梦远大理想引领大学生实现自我价值

中国梦的理想目标既是对我国社会发展应然状态的一种观念建构，也是对实然发展目标的现实反映。它是全国各族人民的共同理想，也是青年一代应该牢固树立的远大理想。大学生只有将个人成长成才的梦想融入实现中华民族伟大复兴的中国梦中，个人价值才能得以实现。

### （一）以中国梦引领大学生树立坚定的理想信念

理想信念是人们对未来的向往和追求，是人们的政治立场和世界观在奋斗目标上的集中体现。理想指引人生方向，信念决定事业成败。没有理想信念，就会导致精神上“缺钙”。理想信念是大学生成长成才的重要的精神支柱和精神动力，是大学生安身立命的根本。受社会转型影响的当代大学生，经常感叹“理想很丰

---

①《马克思恩格斯文集》第1卷，人民出版社2009年版，第571页。

满，现实很骨感”，在理想与现实之间挣扎、徘徊。一方面，他们对国家前途和改革开放充满信心，他们希望通过个人努力改变命运；另一方面，他们又对社会及自身的现状抱有诸多不满，无法摆脱“拼爹”等现实力量的左右。在旧的价值体系消解、新的价值体系尚未确立的转型过程中，大学生能否把握住人生方向，能否坚定理想信念，对个人的成长成才是非常重要也是非常困难的事情。

借助中国梦对大学生进行理想信念教育，其目的是引导大学生树立先进、科学的理想信念。在当前中国梦视域下，理想信念的具体内涵包括两方面具体内容：一是中华民族伟大复兴中国梦的共同理想；二是中国特色社会主义信念。对此，习近平同志指出：“中国梦是全国各族人民的共同理想，也是青年一代应该牢固树立的远大理想。中国特色社会主义是我们党带领人民历经千辛万苦找到的实现中国梦的正确道路，也是广大青年应该牢固确立的人生信念。”①这个概括的突出特点，是把实现中华民族伟大复兴的中国梦作为理想信念的目标性内容，凸显了其实践特色、理论特色、民族特色和时代特色。对大学生进行中国梦理想信念教育，应该着重从以下几方面入手：一是坚持用中国特色社会主义理论体系武装大学生的头脑，使大学生的理想信念建立在对科学理论的理性认同上；二是指导大学生学习和利用历史唯物主义的基本原理与方法，系统、具体、历史地分析中国社会运动及其发展规律，在认识世界和改造世界过程中不断把握规律、积极运用规律，使大学生的理想信念建立在对历史规律的正确认识上；三是帮助大学生全面认识我国当下的基本国情，认识党和国家事业发展的大势，认识今天是距实现中华民族伟大复兴梦想最近的时期，使大学生的理想信念建立在对基本国情的准确把握上。

### （二）以中国梦引导大学生树立劳动价值观

实现中国梦，必须体现在行动上。“‘空谈误国，实干兴邦’，实干首先就要脚踏实地劳动。”②生产劳动是人类社会存在和发展的基础，人类一切物质财富和精神财富都来自劳动，“整个所谓世界历史不外是人通过人的劳动而诞生的过程”③。如果没有了劳动，大到国家、民族、社会，小到单位、家庭、个人，其结果是可想而知的。“任何一个民族，如果停止劳动，不用说一年，就是几个星期，也要灭亡，这是每一个小孩子都知道的。”④为此，习近平同志在同全国劳动模范代表座

① 习近平：《在同各界优秀青年代表座谈时的讲话》，《人民日报》2013 年 5 月 5 日，第 1 版。

② 习近平：《习近平谈治国理政》第 2 卷，外文出版社 2017 年版，第 44 页。

③《马克思恩格斯文集》第 1 卷，人民出版社 2009 年版，第 196 页。

④《马克思恩格斯文集》第 10 卷，人民出版社 2009 年版，第 289 页。

谈时指出："人民创造历史，劳动开创未来。实现我们的奋斗目标，开创我们的美好未来，必须紧紧依靠人民、始终为了人民，必须依靠辛勤劳动、诚实劳动、创造性劳动。"①

在大学生中倡导劳动实现梦想的价值观，要从以下两方面着手。首先，要在全社会营造尊重劳动、崇尚劳动的社会氛围。全社会都要贯彻尊重劳动、尊重知识、尊重人才、尊重创造的大方针，尊重劳动意义重大，正是基于劳动对于社会进步、民族昌盛、人民幸福的基础性作用。一个国家和民族崇尚劳动、尊重知识、珍惜人才、鼓励创新，这个国家就具有持续发展的不竭动力，就会形成全面建设小康社会、发展中国特色社会主义的强大动力，实现中华民族伟大复兴的梦想也将指日可待。其次，要鼓励青年大学生积极投身于实现梦想的艰苦奋斗中。每个人都有自己的美好梦想，都向往幸福生活。幸福不会从天而降，梦想不会自动成真。在梦想和现实之间还横亘着一条漫长的艰苦卓绝的奋斗历程。劳动既是创造历史的动力和源泉，也是实现理想目标的现实途径。我们国家从中华人民共和国成立之初的积贫积弱走到今天的繁荣昌盛，靠的是一代又一代人的辛勤劳动、诚实劳动、创造性劳动。个人理想的实现也是如此，一勤天下无难事，人生的美好理想离不开锲而不舍、驰而不息的奋斗。当下中国，面对多元多样多变的价值观和人生道路选择的大学生，必须牢固树立劳动最光荣、劳动最崇高、劳动最伟大、劳动最美丽的观念，脚踏实地、埋头苦干，从自身做起，从点滴做起，用勤劳的双手、顽强的奋斗成就属于自己的人生梦想。

### （三）以中国梦引导大学生练就实现自我价值的过硬本领

在竞争日益激烈的时代，青年的素质和本领直接影响一个国家与一个民族的历史进程。对大学生而言，打铁必须自身硬，自身的素质和本领如何直接关系到个体梦想的实现程度。大学生应锻炼以下三种能力：首先，学习能力。学习能力是渴望成长成才的大学生的核心竞争力。清代诗人袁枚说："学如弓弩，才如箭镞，识以领之，方能中鹄。"只有用厚实的见识来引导，才可能很好地发挥才能。大学生正处于学习的黄金时期，应该把学习作为首要任务，作为一种责任、一种精神追求、一种生活方式，树立梦想从学习开始、事业靠本领成就的观念，让勤奋学习成为青春远航的动力。其次，创新能力。创新是民族进步的灵魂，是个人持续发展的不竭动力。青年是社会上最富活力、最具创造性的群体，理应走在创新创造前列。因循守旧、不思进取、坐享其成者，不会有敢于做梦、勇于追梦和勤于圆梦的机会和能力。最后，良好品格的锤炼。人之所以为人，就在于他不仅是肉

---

① 习近平：《充分发挥工人阶级主力军作用 依靠诚实劳动开创美好未来》，《人民日报》2013年4月29日，第1版。

体的存在，更是精神的存在。人不仅在自然的时空中运动，而且在价值的时空中运动。一个人成长为什么样，取决于他的精神追求和品格如何。青年大学生应该做道德的楷模，自觉践行社会主义核心价值观，带头倡导良好社会风气，始终保持积极的人生态度、良好的道德品质、健康的生活情趣，以实际行动促进社会进步。

马克思在《青年在选择职业时的考虑》中指出："在选择职业时，我们应该遵循的主要指针是人类的幸福和我们自身的完美。不应认为，这两种利益会彼此敌对、互相冲突，一种利益必定消灭另一种利益；相反，人的本性是这样的：人只有为同时代人的完美、为他们的幸福而工作，自己才能达到完美。"[①]可见，大学生在选择和确立自己的价值观时应协调好个体和整体、个人和国家的关系，将个人理想融入实现中华民族伟大复兴的中国梦之中，在中华民族复兴的道路上更好地实现个人理想和价值。

---

①《马克思恩格斯全集》第1卷，人民出版社1995年版，第459页。

# 当前高校青年教师思想政治教育的挑战及应对*

张艳宏　徐成芳

**【摘　要】**在全球化浪潮冲击和市场经济影响的复杂形势下，高校青年教师的思想观念和价值取向发生了很大的变化，高校青年教师的思想政治教育工作面临着新挑战。针对当前高校思想政治教育工作中存在的问题，必须做好以下四项工作：加强青年教师的党建工作，把高校青年教师紧密团结在党组织周围；坚持以人为本，增强针对青年教师思想政治工作的吸引力；改进教育方法，增强高校青年教师思想政治教育的说服力；健全激励机制，提升高校青年教师思想政治教育的凝聚力。

**【关键词】**青年教师　思想政治教育　挑战　应对

苏联教育家加里宁曾经说过，加强对培养人的培养比直接培养人更重要。被教育者能力的提高是以培养人的素质为前提的，这种培养必须从青年教师开始。近年来，随着高等学校师资队伍的不断壮大，青年教师正逐步成为我国高等教育的主力军。加强和改进高校青年教师思想政治教育，是当前高校思想政治工作面临的一项新挑战新任务。

## 一、高校青年教师思想政治教育工作面临的新挑战

在全球化浪潮的冲击和市场经济的影响下，青年教师的思想观念和价值取向发生了很大的变化。在这种新的形势下，高校青年教师的思想政治教育工作愈发

---

* 本文系辽宁省高校党建理论立项研究课题重大项目“高校青年教师信仰状况与信仰塑造的一般规律问题研究”（项目编号：GXDJ2012-B001）、大连理工大学党建课题“高校青年教师信仰问题研究”（项目编号：DUTDJ1201）的阶段性成果。

显示出它的重要性和紧迫性。

（一）加强青年教师的思想政治教育是我国高等教育事业发展的必然要求

当今时代高等教育的发展已成为国家软实力和创新力的重要标志。世界各国越来越重视对高等教育的投入与关注。每年国际知名的教育研究机构在对世界各地的优秀大学进行评估排名过程中，高校教师的素质和科研能力是其中重要的衡量标准。这是因为高校教师是支撑高等教育事业发展的主要力量，他们是高校进行科学知识教育和人文精神教育的主体，他们的社会地位与价值正越来越为社会所重视。当前随着我国高等教育在办学体制、招生机制、分配制度等方面改革的进一步深化，我国高等学校面临着日益严峻的生存和竞争环境。在这样的背景下如何提高竞争力，优秀的师资队伍是关键的因素之一。青年教师是高校教书育人的骨干力量，提高他们的综合素质特别是思想政治素质，打造出一支优秀的青年教师队伍，这是高校在激烈的国内外竞争中得以生存和发展的有力保证。

（二）加强青年教师的思想政治教育是新形势下思想政治工作的需要

冷战结束以来，国际政治经济形势及我国的社会政治经济环境都发生了很大的变化。思想文化和意识形态领域的矛盾冲突不是消失、减弱了，而是发展、增强了。从国际方面来看，在经济全球化的影响下，文化日益多元化：历史虚无主义、新自由主义、普世价值论、民主社会主义等各种文化思潮与思想理论相互冲突碰撞。在当前意识形态呈现多元、多样、多变的新态势下，许多青年教师出现了信仰选择的困惑和理想信念的失落问题；从国内方面来看，随着我国市场经济体制的建立，一方面人们的竞争意识和财富意识普遍增强，另一方面利益至上、享乐主义、拜金主义日益盛行。目前我国高校从专业设置、招生就业到教师招聘完全以市场为导向，市场化功利化的价值取向与高等教育应该承担的人文精神和道德教育的价值相悖。这种矛盾和悖论，也给高校青年教师思想上带来了冲突和迷惑。此外，随着改革开放的日益深入，青年教师到国外学习和工作的机会越来越多，他们的世界观、人生观和价值观在一定程度上受到国外一些腐朽的生活方式和消极的思想价值观念的影响。在这种态势下，高校青年教师思想政治教育遇到了新的挑战，因此加强高校青年教师的思想政治教育显得尤为必要和紧迫。

### （三）新时期高校青年教师职业特点和自身的发展也离不开思想政治教育

教师是履行教育教学职责的专业人员，承担教书育人，培养社会主义事业建设者和接班人、提高民族素质的使命。青年教师作为高校里与青年大学生年龄、思想和行为最为接近的群体，他们的言行和思想素质对学生的影响更为直接，他们的职业素质和思想政治水平程度尤为重要。高等教育研究专家潘懋元认为，高校教师的职业素养应包括比较渊博的知识、掌握教育规律、具有高尚的道德品质和崇高的精神境界。在改革开放和社会发展环境下成长起来的青年教师普遍接受过高等教育，具有扎实的专业知识和教学科研能力，知识面广、精力充沛、思想活跃。但教师的职业素质要求他们不仅是知识的传播者，更是青年学生的引路人和指导者，是塑造青年学生灵魂的工程师。应该看到在当前国际形势急剧变化，以及国内改革开放、建立和完善社会主义市场经济体制的新形势下，青年教师还不同程度地存在缺乏理想信念、对政治淡漠、对职业倦怠等问题。促进青年教师自身思想政治素养的提高，不仅可以帮助他们认清思想困惑的原因和实质，还可以帮助他们走出迷茫，更好地实现自己的人生价值和职业理想。

## 二、新形势下高校青年教师思想政治工作中存在的新问题

新形势下，高校青年教师的思想政治教育工作在取得一定成效的同时也存在一些薄弱的环节，主要表现在以下几方面。

### （一）思想上不够重视

高校青年教师的思想政治教育本应是高校思想政治教育的题中应有之义。但是，目前对青年教师思想政治教育也只是流于简单的形式，并没有从思想上真正关注和重视青年教师的思想政治教育工作。其主要表现在以下两个方面：一是教育者忽视对高校青年教师的思想政治教育。从事高校青年教师思想政治教育的组织者和实施者，他们并不否认高校青年教师思想政治教育的重要性和迫切性，但在对高校青年教师思想政治教育活动中并没有将其放在应有的位置，存在说起来重要、做起来次要、忙起来不要的现象，思想政治工作往往浮于表面或应付了事。二是青年教师个人忽视思想政治教育。由于目前高校在对教师业绩考核和价值评价方面存在一些错误的导向，部分青年教师认为专业进修、发表论文、职称评聘等才是真本事、硬道理，思想政治教育是虚无缥缈和缺乏实效的事情，

这样的认识偏差导致有些青年教师日益远离思想教育和政治生活。近年来，高校青年教师思想政治素质、职业道德素质出现滑坡，青年教师入党积极性减弱，与这种轻视思想政治教育的认识有关。

### （二）形式上缺乏针对性和有效性

从目前来看，高校青年教师思想政治教育观念比较落后，教育方法和手段陈旧，看看报纸，读读文件，听听广播，这些传统的教育形式对网络时代的青年教师而言已经失去了吸引力，自然谈不上说服力。[①]更有一些思想政治工作者将对学生进行教育的理论和方法用于青年教师，简单说教，空谈理论，不仅达不到教育的目的，还引起青年教师的排斥和反感。青年教师虽然与大学生年龄相近，但思想行为特点不同。由于大学生正处于接受高等教育的重要时期，他们的世界观、人生观和价值观尚处于一个不断形成和不断完善的过程。而青年教师都已经完成了高等教育，形成了相对完善的知识体系和独立自主的世界观与价值观体系。与大学生相比，青年教师身上的自主性、能动性和创造性更为突出，对自我价值、自身利益和职业前景更为关注。思想政治教育工作者如果不抓住青年教师群体的这些特点，不紧密联系青年教师生存发展和职业规划上遇到的疑难与困惑，思想政治教育就不能抓住人、打动人、说服人。

### （三）教育激励机制不健全

学校对教师的考核激励机制既是规范约束，也是指挥棒，它们对教师的价值取向和人生目标起着重要的导向作用。目前高校对青年教师的考评机制存在重业务轻政治、重物质奖励轻精神激励的错误倾向。例如，在考核制度的具体规定上，对教学和科研等方面都有相当明确的硬性规定和具体的物质奖励措施，但对思想政治素质、职业道德素质的考核，却缺乏明确的指标体系和量化的评价标准。即使有一些规定，也仅仅是“坚持党的基本路线和四项基本原则”和“认真学习马列主义、毛泽东思想”等比较形式化、粗线条的内容。这些规定在具体的考核中，基本上形同虚设，流于形式。重业务、轻政治，重物质奖励、轻精神激励的考评机制，使部分青年教师只重视教学和科研，轻视教师职业道德和思想政治素质的学习与提升，结果必然是政治意识淡漠、理想信念缺失、价值取向日益功利化。

---

① 范国睿：《新时期高校青年教师思想教育的问题与对策》，《高等师范教育研究》2001年第2期，第64页。

## 三、加强高校青年教师思想政治工作的新方法新途径

高校青年教师的思想政治教育不是一蹴而就的，而是需要一个从思想上高度重视、从形式上加以改进、从制度上不断健全的多方面推进的过程。

### （一）加强青年教师的党建工作，把高校青年教师紧密团结在党组织周围

高校应注重发挥党组织的政治核心作用和党员教师的先锋模范作用，把广大青年教师团结在党组织的周围。首先，应注重发挥党组织的政治核心作用。党组织要密切和青年教师的关系，主动做青年教师思想政治工作，积极调动青年教师的政治热情。对要求入党的青年教师，党组织要主动承担起培养教育的责任，使他们政治上尽快成熟起来，引导他们加入中国共产党，壮大青年教师的党员队伍。其次，要充分调动和发挥党员教师的积极性和主动性。全国开展了创建先进基层党组织，争做优秀共产党员的“创先争优”活动。在高校中开展“创先争优”活动，关键是要发挥党员教师的先锋模范作用。用他们高尚的人格和良好的工作作风影响、感召青年教师，使青年教师在政治上信任党组织、组织上积极靠近党组织。总之，加强青年教师的党建工作，应当成为新时期“创先争优”活动的一项重要内容。

### （二）以人为本，增强针对青年教师思想政治工作的吸引力

思想政治工作说到底是做人的工作，必须坚持以人为本。在青年教师的思想政治工作中，坚持以人为本，应该体现为关心和满足青年教师的利益。首先，对青年教师在业务上多给予指导。青年教师有强烈的事业进取心，关注自我价值，希望在教学和科研方面有所成就。高校思想教育工作者应该关注青年教师的这一需求，在业务上对青年教师悉心培养，为他们在教学科研上的发展创造有利条件。其次，在生活中要多给予关怀。大部分青年教师正处于成家立业的人生阶段，养老、抚幼、购房对青年教师造成极大的生活压力。高校思想政治教育如果能从解决青年教师实际生活困难和关心他们的利益需求着手，将有助于增强思想政治教育的吸引力。最后，在情感上要多给予关怀。事业留人、待遇留人、更要感情留人。有的青年教师大学一毕业就被推上教学岗位，面对大学生希冀的眼神和繁重的教学任务，他们面临的压力可想而知。如果学校多给他们一些信任和关心，少一些指责和批评，帮助他们成功站稳讲台，完成教师生涯中的首次挑战，将有助于调动他们从事教学和科研的积极性，增强他们从事教书育人工作的信心和动力。

### （三）改进教育方法，增强高校青年教师思想政治教育的说服力

随着改革开放的不断深入和全球化程度的不断加深，人们的思想观念变得日益丰富，尤其是高校教师处于一个相对开放的环境中，单单依靠灌输式的教育方法，已经远远不能适应信息化时代的要求。为此，对青年教师进行思想政治教育在手段、方法、方式上都要不断创新。具体说来，一是要充分运用信息网络开展教育。现代教育手段和教育设备是思想政治教育的扩充器、倍增器。结合思想政治教育相关内容播放电影、电视，运用网络进行博文评选、探讨网络话题，既可增强教育的时效性，又能增强教育的说服力。①二是要通过讲坛、讲座等形式进行思想政治教育。大学要发挥校园文化的育人功能，通过来自不同领域和行业的专家、学者的学术报告与励志讲座等方式开展思想政治教育。这些专家、学者将自己的学识魅力和师德操守通过报告会的形式传递给青年教师，使青年教师“亲其师，信其道”，这样的教育形式感染力强，启迪深刻，对思想活跃、易于接受新生事物的青年教师来说，能收到其他教育形式无法达到的教育效果。

### （四）健全激励机制，提升高校青年教师思想政治教育的凝聚力

所谓激励机制是指围绕青年教师思想政治教育的目标而制定的政策和采取的各种激励手段。由于高校在对青年教师的激励目标和激励手段上存在一些错误倾向和短视行为，忽视了青年教师重眼前轻长远、重物质利益轻精神底蕴的急功近利的思想行为特征，使得思想政治工作失去了凝聚力和实效性。改变这种状况的有效措施就是要将政治培养和业务提高、物质奖励和精神激励结合起来。一方面在党政干部选拔、专业骨干教师培养、专业技术职务评聘，以及出国进修、评奖评优等工作中，要旗帜鲜明地坚持思想政治素质和业务能力相统一的原则。②另一方面，要将学校的工资、奖金、课时费、住房等物质激励措施与青年教师追求成功和实现个人价值的需求结合起来。青年教师都是有更高精神需求的知识分子，只有培育起他们强烈的社会责任感和事业成就感，才能使他们真正具有从事教育事业的精神支柱和持久动力。

总之，教育大计，教师为本。只有具备了高素质的教师队伍，才能有好的教

---

① 杨英凯：《增强思想政治教育的时代感和有效性》，《解放军报》2001 年 5 月 7 日，第 3 版。

② 王健：《增强高校青年教师思想政治教育实效性的探讨》，《福建工程学院学报》2005 年第 2 期，第 120 页。

育。高校青年教师承担着教书育人和发展我国高等教育事业的重任，通过开展全面有效的思想政治教育工作，增强青年教师的责任感和使命感，使之以精湛的学识和高尚的师德成为学生健康成长的指导者与引路人，任重而道远。

# 关于大学生“四个自信”教育问题

屈　宏　孙雨涵　徐成芳

【摘　要】“道路自信、理论自信、制度自信、文化自信”，是九十多年党和人民奋斗创造的根本成就，具有严密的系统性和科学性，加强大学生这方面的教育具有重要的现实意义。教育中要解决认识不清、把握不准和自信不足等问题，帮助大学生深刻理解中国特色社会主义道路自信、理论自信、制度自信、文化自信的内在逻辑和层次关系。通过理论学习、社会实践和多方合力等手段，树立大学生对“道路自信、理论自信、制度自信、文化自信”的坚定信念，努力将其培养成中国特色社会主义事业的合格接班人。

【关键词】道路自信 理论自信 制度自信 文化自信 大学生 教育

党的十八大报告指出：“中国特色社会主义道路，中国特色社会主义理论体系，中国特色社会主义制度，是党和人民九十多年奋斗、创造、积累的根本成就，必须倍加珍惜、始终坚持、不断发展。”“全党要坚定这样的道路自信、理论自信、制度自信！”[①]在庆祝中国共产党成立95周年大会上，明确文化自信与道路自信、理论自信、制度自信相并列，形成了关于“四个自信”的完整概括，习近平强调：“坚持不忘初心、继续前进，就要坚持中国特色社会主义道路自信、理论自信、制度自信、文化自信，坚持党的基本路线不动摇，不断把中国特色社会主义伟大事业推向前进。”[②]党的十九大进一步强调：“文化自信是一个国家、一个民族发展中更基本、更深沉、更持久的力量。必须坚持马克思主义，牢固树立共产主义远大理想和中国特色社会主义共同理想，培育和践行社会主义核心价值观，不断增强意识形态领域主导权和话语权，推动中华优秀传统文化创造性转化、创新性发展，

① 本书编写组编：《十八大报告辅导读本》，人民出版社2012年版，第12—17页。
② 习近平：《习近平谈治国理政》第2卷，外文出版社2017年版，第36页。

继承革命文化，发展社会主义先进文化，不忘本来、吸收外来、面向未来，更好构筑中国精神、中国价值、中国力量，为人民提供精神指引。”[①]习近平新时代中国特色社会主义思想提出“八个明确”，其中第三个“明确”就是强调：“明确中国特色社会主义事业总体布局是‘五位一体’、战略布局是‘四个全面’，强调坚定道路自信、理论自信、制度自信、文化自信。”[②]让人们看到了一个愈加成熟、愈加自信的马克思主义执政党的底气，也让世界看到了不断谱写壮丽篇章的中国共产党，在新的历史起点上举什么旗、走什么路、以什么样的精神状态走向未来。“四个自信”振奋人心、催人奋进，是实现“两个一百年”奋斗目标的保障。

当代大学生是中国特色社会主义建设的主力军，肩负着党的重托和人民的希望。他们的人生历程与中国特色社会主义事业的发展同步跟进，并将在这一伟大历史进程中发挥不可替代的顶梁柱作用，是实现“两个一百年”目标的亲历者和见证者。但在实践过程中，当代大学生也面临着种种前所未有的新问题、新挑战和新困惑，经受着种种难以预料的新考验。为了承担起这一光荣且艰巨的历史使命，思想政治教育工作者必须加强“四个自信”教育，使当代大学生对中国特色社会主义道路、理论、制度、文化有深刻的理解，牢固树立中国特色社会主义理想信念，成为社会主义事业合格的建设者和接班人。

## 一、加强大学生“四个自信”教育的重要意义

当代大学生是中国特色社会主义事业的建设者和接班人，肩负着在21世纪实现中华民族伟大复兴中国梦的艰巨而光荣的历史使命。他们对中国特色社会主义道路、理论、制度和文化的理解与自信，直接影响着改革开放和现代化建设的未来走向与社会主义在中国乃至世界的历史命运。当前大学生思想状况复杂，存在着实用主义盛行、政治信念淡化、对马克思主义难以科学把握、对中国特色社会主义建设事业缺乏科学的认知、对社会主义前途缺乏信心等情况。因此，加强青年大学生“四个自信”教育，对坚定青年大学生中国特色社会主义的理想信念、激发他们奋发向上的精神、充分发挥他们的聪明才智具有重要的现实意义，这也是高校思想政治教育的核心目标之一。加强“四个自信”教育，也有利于当代大学生在政治上、思想上和党中央保持一致，在行动上自觉投身于中国特色社会主义的伟大实践，为实现我国社会主义现代化建设的宏伟目标作出应有的贡献。

---

① 本书编写组编：《党的十九大报告辅导读本》，人民出版社2017年版，第22—23页。

② 本书编写组编：《党的十九大报告辅导读本》，人民出版社2017年版，第19页。

## 二、加强大学生“四个自信”教育应着重解决好的几个问题

“四个自信”不仅是一个认识问题，而且是一个实践问题。党的十八大报告、十九大报告阐述的不仅仅是对中国特色社会主义道路、理论、制度和文化的一种慎重评价，更是对中国特色社会主义伟大实践的一项庄严承诺。如何在高校思想政治教育中落实“四个自信”教育，培养当代大学生的“四个自信”意识，就成为一个现实而紧迫的任务。我们认为，在开展“四个自信”教育之前，要先解决好以下几个问题。

第一，解决认识不清的问题。教育当代大学生坚定“四个自信”，必须使大学生对中国特色社会主义道路、理论、制度、文化有深刻理解和把握，要澄清其思想认识的误区和盲区。当前有的大学生，对中国特色社会主义缺乏正确的认识，认为社会上的一些现象，如治安状况不良、物价上涨、民生问题等无不与改革开放有关。对此，思想政治教育工作者要加强引导，要向学生讲清楚中国共产党自信的基础，尤其要使学生深刻理解“四个自信”背后的深刻理性，将其当作一种真理性的认识，真正转化为更加坚定的政治信仰、更加积极的精神状态，更加主动地予以落实。

我们的道路自信源自价值理性。共产党人立党为公、执政为民，追求国家强大、人民幸福、民族复兴，就应当走中国特色社会主义道路。在这条道路上，始终坚持中国共产党的领导，社会主义事业才有坚强的领导核心；始终坚持以经济建设为中心，各项事业才有强大的物质基础；始终坚持四项基本原则，发展才有独立性、自主性；始终坚持改革开放，经济社会发展才有强大的动力。任何一个具有家国情怀，具有正确价值取向的人，都会接受这样一种严密的逻辑，从而坚信我们的道路是正确的，是有着光明前途的，是必须自觉坚持的。也只有这样，对已经取得的成绩才会不菲薄，对发展中遇到的问题才会不气馁，对前进中面临的困难才会不屈服。

我们的理论自信源自认识理性。理论清醒，才能头脑清醒；理论自觉，才能行动自觉。中国特色社会主义理论是反映了共产党执政规律、社会主义建设规律、人类社会发展规律的真理性认识，这一理论是在革命、建设和改革的实践中形成、验证并得到升华的。无论是作为中国特色社会主义理论体系指导思想的马列主义、毛泽东思想，还是作为其构成的邓小平理论、“三个代表”重要思想、科学发展观、习近平新时代中国特色社会主义思想，都集中体现了党的执政智慧，是党的集体智慧的结晶。这些真理性的认识，为我们逐步构建起了具有中国特色、中国

风格、中国气派的话语体系，让我们勇于回应一切语言上的挑衅、一切理论上的质疑。

我们的制度自信源自实践理性。任何制度只要符合国情党情民情，就是好的制度。中国特色社会主义制度是在长期实践和理性设计结合下形成的，正如胡锦涛同志《在庆祝中国共产党成立90周年大会上的讲话》所指出的，它是被实践反复证明“有利于保持党和国家活力、调动广大人民群众和社会各方面的积极性、主动性、创造性，有利于解放和发展社会生产力、推动经济社会全面发展，有利于维护和促进社会公平正义、实现全体人民共同富裕，有利于集中力量办大事、有效应对前进道路上的各种风险挑战，有利于维护民族团结、社会稳定、国家统一”[①]的制度。中国特色社会主义制度具有巨大的优越性和强大的生命力是每一位生活在这个国家的人从日常生活中能切实感受到的。

第二，解决把握不准的问题。坚定“四个自信”，就是要坚持中国特色社会主义的正确前进方向，既不走封闭僵化的老路也不走改旗易帜的邪路，而是在人民群众的伟大实践中开创中国特色社会主义的新路。引导学生坚定“四个自信”，最根本的就是要使其坚定不移地走中国特色社会主义道路。20世纪50年代，我们党对社会主义建设道路进行了初步探索，由于受苏联社会主义建设模式及“左”倾错误的影响，在此期间虽然形成了正确的指导方针，遗憾的是未能在探索中坚持下去。党中央总结历史教训，邓小平提出要解放思想，打破僵化观念的束缚和固定模式的羁绊，根据中国的实际建设社会主义。在对世界格局的新变化做出正确判断的基础上，得出和平与发展是当今时代主题的科学结论；对我国社会主义的历史方位做出正确判断，得出我国正处于并将长期处于社会主义初级阶段的科学结论。经过改革开放的伟大实践，我们逐渐探索出了一条建设中国特色社会主义的道路。它既不是过去封闭起来搞建设的老路，也不是所谓民主社会主义的歧路，更不是改旗易帜、全盘西化的邪路，而是一条符合国情党情民情，能够引领中国发展进步的正确道路，凝聚在这条道路上的是日益完善的中国特色社会主义理论体系和中国特色社会主义制度。实践表明，中国特色社会主义道路之所以成功，关键就在于既坚持科学社会主义的基本原则，又根据和平与发展的时代主题和社会主义初级阶段的最大实际，在实践中不断拓展和丰富道路内涵，赋予其鲜明的时代特征和中国特色。

对中国特色社会主义道路一定要精准把握，党的十八大报告、十九大报告阐述的这条道路是经济、政治、文化、社会、生态文明全面发展之路。中国特色社会主义道路包括：中国特色社会主义经济发展道路，就是坚持在社会主义条件下

---

① 胡锦涛:《在庆祝中国共产党成立90周年大会上的讲话》,2011年7月1日,http://www.gov.cn/ldhd/2011-07/01/content_1897720.htm。

发展市场经济，不断解放和发展生产力；中国特色社会主义政治发展道路，就是坚持在中国共产党领导下巩固和发展人民民主；中国特色社会主义文化发展道路，就是坚持以马克思主义为指导发展社会主义先进文化；中国特色社会主义社会发展道路，就是在坚持以人为本的核心立场基础上创新社会体制，实现社会和谐发展；中国特色社会主义生态发展道路，就是在尊重自然、顺应自然、保护自然的理念指导下建设社会主义生态文明，努力建设美丽中国，实现中华民族永续发展。

第三，解决信心不足的问题。“四个自信”标志着中国道路、理论、制度和文化已经构成中国前进的根本动力与软实力。在当前形势下，中国能够拥有“四个自信”很不容易，这是党和人民数十年如一日艰苦奋斗得来的宝贵成果。辉煌灿烂的古代盛世，万邦来朝，曾经让中国人有着充分的自信。自信，让中国人豁达乐观，独步世界上千年。然而，近代以来西方殖民侵略者的坚船利炮击碎了中国人的自信心，国破家亡、尊严尽失。自此，崇洋媚外成为不少中国人的心理痼疾。中华人民共和国成立后的70年，既是中华民族努力实现伟大复兴的70年，也是努力找回民族自信、文化自信的70年。抗美援朝的胜利，让中国人一扫对西方武力的恐惧感；“两弹一星”的研制成功，让中国人充分体验到作为中国人的自豪感。在改革开放的过程中，目睹与西方国家存在的巨大差距，绝大多数中国人并未因此而丧失民族自信，相反，在中国共产党的正确领导下，中国人民的艰苦奋斗精神被充分激发，经过40多年的不懈奋斗，中国超越英国、法国、德国、日本等国，成为世界第二大经济体。中国特色社会主义进入了新时代，“实现了从‘赶上时代’到‘引领时代’的伟大跨越”①。在亚洲金融危机和2008年的世界金融危机中，中国以负责任的大国形象屹立于世界，通过发挥中国特色社会主义制度的巨大优势，稳扎稳打，确保了经济社会的快速稳定发展，“中国模式”和“中国方案”已经成为世界瞩目的焦点。实践充分证明，中国的发展道路是正确的，中国拥有的自信不是盲目的，而是有着无比充分的依据和理由的。

以“四个自信”共创美好未来的信心，凝练成坚持走中国特色社会主义道路的坚定信念，传递出社会主义中国科学发展的正能量。信心催生责任，信念迸发斗志，信仰凝聚力量。正是拥有高度自信的信心，正是秉持坚定不移的信念，我们才能不走封闭僵化的老路、不走改旗易帜的邪路。

中国特色社会主义道路是实现途径，中国特色社会主义理论体系是行动指南，中国特色社会主义制度是根本保障，中国特色社会主义文化是精神命脉，四者统一于中国特色社会主义伟大实践，展现了高度的正确性、实践的真理性、科学的指导性，这是中国共产党领导全国各族人民在建设社会主义长期实践中形成的最

---

① 习近平：《中共中央国务院举行春节团拜会 习近平发表重要讲话》，2018年2月14日，http://www.xinhuanet.com/politics/2018-02/14/c_1122419710.htm。

鲜明特色。我们要引导学生充分理解“四个自信”，坚定“四个自信”，高举中国特色社会主义伟大旗帜，认真学习贯彻党的十九大精神，紧密团结在党中央周围，同心同德，艰苦奋斗，为全面建成小康社会而努力奋斗。

## 三、加强大学生“四个自信”教育的有效路径

在经济全球化、各种思潮相互激荡、人们思想激烈变化的背景下，加强“四个自信”教育，要讲求针对性、提高实效性，把教育工作落到实处，我们认为应重点抓好以下几个方面。

### （一）加强理论学习，做到“四个自信”教育入脑入心

树立大学生对中国特色社会主义道路、理论、制度、文化的自信，就是要使大学生坚信马克思主义的科学社会主义理论，树立建设中国特色社会主义这一坚定不移的信念。我们应当充分发挥高校思想政治理论课的主阵地作用，加强马克思主义信仰和中国特色社会主义理想信念教育，引导大学生正确认识社会发展规律。要组织大学生认真学习马克思主义、毛泽东思想和中国特色社会主义理论体系，用正确的理想信念武装他们的头脑。坚持辩证唯物主义和历史唯物主义的立场、观点与方法，分析和解决实际问题，引导大学生正确认识国家的前途和命运。要对大学生加强党的基本理论、基本路线、基本纲领的宣传教育，引导他们正确看待我国社会主义事业前进道路上的困难和问题，教育他们既要看到问题，更要看到成就；既要看到暂时的困难，更要看到光明的前景；既要看到中国特色社会主义建设是一项崭新的事业，可能面临着巨大的挑战和困难，需要我们不断探索创新，又要看到中国特色社会主义事业具有旺盛的生命力，应该对其抱有坚定的信念和必胜的信心。

马克思指出：“理论只要说服人[ad hominem]，就能掌握群众；而理论只要彻底，就能说服人[hominem]。所谓彻底，就是抓住事物的根本。”①我们要用科学的态度进行理论教育，要抓住具有根本性的问题，科学阐释中国特色社会主义道路、理论、制度和文化的内在逻辑及其选择的历史必然性，要结合新中国建设的巨大成就特别是改革开放以来的伟大实践，理直气壮地进行“四个自信”教育。思想政治工作者只有真学、真信、真懂，才能把自信真正传递给学生，做到入脑入心。此外，教育中要把体现时代精神的新鲜内容及时吸收进来，要充分结合中国特色社会主义发展的进程，增强教育的时代特色。

---

①《马克思恩格斯文集》第1卷，人民出版社2009年版，第11页。

### （二）注重理论联系实际，增强“四个自信”教育的感染力

增强“四个自信”教育实效性的关键是贴近实际，即贴近世界局势不断发展变化的实际，贴近改革开放和现代化建设的实际，贴近青年大学生的工作、学习、生活和思想实际，结合中国特色社会主义理论，深刻阐明中国特色社会主义道路、理论、制度、文化的优越性，增强“四个自信”教育的说服力和感染力。

中国共产党的高度自信建立在伟大的科学实践上。中国人民选择了中国共产党，中国革命选择了中国共产党，这不是历史的偶然，而是历史发展的必然趋势。中国共产党从成立之初，就一直进行着为人民服务的伟大探索，带领中国各族人民取得了革命胜利，建立了人民政权；进行了社会主义“三大改造”，为经济发展打下了坚实基础；实行了改革开放，建立了社会主义市场经济，虽然走过不少弯路，但越挫越勇，中国共产党最终在困境中实现了自我超越，在伟大的实践中提升了自身执政能力，实现了自身政治成熟的蜕变。

中国共产党是一个人民拥护、政治成熟、指导科学的马克思主义执政党，坚持以人为本、科学发展，带领中国人民取得了举世瞩目的伟大成就。当前面对国内外复杂的形势、严峻的挑战，中国共产党依然步伐坚定有力，活力绽放，克服了一个又一个困难，解决了一个又一个难题，展现了执政党强大的生命力。

道路自信体现选择的正确性，要结合近代以来中国历史发展现状，阐明中国共产党选择走中国特色社会主义道路的必然逻辑。理论自信体现指导的科学性，要结合近代以来中国革命和建设的实际，阐明伟大实践必须要以科学的理论为指导，党的历代领导人坚持以马克思主义为指导，结合中国具体实际，摸着石头过河，坚持将伟大理论根植于人民群众，根植于伟大实践，形成了科学的、系统的中国特色社会主义理论体系，为更加坚定地走中国特色社会主义道路提供强有力的思想指导。制度自信体现保障的坚定性，制度具有根本性、全局性特征，要结合中国特色社会主义的建设发展，阐明只有坚持并不断发展以人民代表大会制度、中国共产党领导的多党合作制度等为根本的中国特色社会主义制度，实现民主建设、经济发展、民生改善、党建推进等全方面事业的体系性、制度性，坚持以制度为统领规范权力运转、规范利益分配、规范科学发展，确保党和人民事业的科学协调可持续发展。文化自信体现内在的持久性，文化是一个国家、一个民族的灵魂。文化兴国运兴，文化强民族强。没有高度的文化自信，没有文化的繁荣兴盛，就没有中华民族的伟大复兴。要坚定中国特色社会主义文化发展道路，激发全民族文化创新创造活力，建设社会主义文化强国。

要多引导学生走向社会，通过社会实践可以使学生深刻理解中国特色社会主义事业的艰辛发展，使学生切身体验到改革开放以来我国社会发生的深刻变化和现代化建设的伟大成就，真切感受到中国特色社会主义的巨大优越性，使学生更

好地认识国情，认识改革的长期性、复杂性和艰巨性，分清改革和发展的主流与支流、正确对待改革和发展进程中出现的矛盾及一些消极现象，了解党和政府为解决前进中的困难与问题所做的努力及采取的措施，进而牢固树立“四个自信”。

### （三）多方配合，形成“四个自信”教育的合力

当代大学生“四个自信”教育是一项非常复杂的工作，应当把信念教育作为主线，贯穿学校工作的各个方面，贯穿教学的全过程。采用多样化、多渠道、多载体的方法，做到全员参与、全程渗透、全面开展，努力构建“四个自信”教育的立体网络。

除了要发挥大学生思想政治理论课的主渠道、主阵地作用外，还要通过其他基础课、专业课渗透“四个自信”教育。基础课、专业课要根据本课程的内容和特点，抓住有利时机对大学生进行“四个自信”的教育。同时，在带领学生下厂参观、进行课程实习过程中，在实验教学、毕业设计中，抓住一切可能的机会，挖掘“四个自信”教育的材料，在各种教学活动中传递“四个自信”正能量。要加强形势与政策教育，组织学生学习政治理论和时事政策。丰富校园文化活动，开展“四个自信”教育。例如，利用校园广播、影视、报栏、专刊、微信等舆论阵地发挥舆论导向和宣传教育作用，深入持久地宣传中国特色社会主义建设成就，引导学生理性、客观地看待社会问题。通过各种校园文化活动的开展，如利用重大节日和纪念日组织歌咏比赛、演讲比赛、征文、辩论等活动，弘扬主旋律，潜移默化地融入“四个自信”教育。在各种讲座、论坛中要坚持社会主义方向，防止错误思潮对社会主义意识形态的冲击。要加强对各种社团活动的引导和管理，在各种活动中坚持正确的政治方向。要在学生中尝试培养一批理论标兵，成立相应学习机构，以学生社团的方式扩大中国特色社会主义的影响力和认同感。例如，大连理工大学就成立了“邓小平理论研究会”“‘两组’学习社”等社团，开展正面宣传、教育活动，取得了积极效果。此外，信息技术特别是信息网络技术迅速发展，互联网上信息庞杂多样、精华与糟粕并存。因此，要加强网络信息管理，对鼓吹“老路邪路”等错误言论要立即删除，决不能给错误的东西提供传播渠道。同时，要加强网络舆论引导、占领网络宣传阵地。教育中，我们要树立以人为本的理念和以人民为中心的导向，基于人民立场，深入研究现代条件下青年学生群体的社会心态、视听特点、传媒方式变化，遵循大众文化特点，运用文化交流、对话等互动方式使“四个自信”深入人心。同时，充分运用现代传媒和信息网络技术等青年喜闻乐见的传播手段推进“四个自信”教育的转换和创新问题，形成“四个自信”教育的合力。

综上所述，坚持中国特色社会主义道路，坚持中国特色社会主义理论体系，

坚持中国特色社会主义制度，坚持中国特色社会主义文化，适应时代发展，适应中国国情，适应人民民意，展现出了高度的正确性、实践的真理性、科学的指导性。大学生要认真学习，树立对中国特色社会主义道路、理论、制度和文化的坚定信念，凝聚在中国特色社会主义伟大旗帜下，为实现中华民族伟大复兴的中国梦而不懈奋斗。

# 思想政治教育引领大学生亚文化发展的策略研究*

赵　颖　徐东昊　徐成芳

**【摘　要】**中国特色社会主义进入新时代，引领大学生亚文化健康发展成为思想政治教育工作新的着力点。针对大学生亚文化的典型特征和发展矛盾，思想政治教育要从转变观念、开通对话渠道、建设网络平台和优化引领环境等多方面入手，在尊重大学生多样化文化意识的同时，引领大学生亚文化发展方向，为大学生亚文化提供发展舞台，促进大学生亚文化健康持续发展。

**【关键词】**大学生亚文化　思想政治教育　引领策略

习近平强调："青年兴则国家兴，青年强则国家强。青年一代有理想、有本领、有担当，国家就有前途，民族就有希望。""没有高度的文化自信，没有文化的繁荣兴盛，就没有中华民族伟大复兴。"①显然，青年人的文化问题不仅关乎青年人自身，而且关乎国家和民族的前途与希望，大学生文化软实力是国家文化软实力的重要组成部分。因此，对大学生进行文化塑造是高校思想政治教育和文化建设的重要内容。大学生的文化特征是主流文化和亚文化共同作用的结果，而大学生亚文化所起到的作用则更为直接。大学生亚文化是在我国高校的大学生文化中居于从属地位，为特定的大学生群体所认可，反映一定时期内大学生与外界环境适应和冲突状况的文化形态。大学生亚文化与主流文化相伴发展，既有一致性也有异质性、矛盾性，甚至一些大学生在接受主导教育的表象下却在亚文化中发生意识形态偏离。因此，坚定文化自信，建设社会主义文化强国，培育新时代中国特色社会主义合格建设者和可靠接班人离不开思想政治教育对大学生亚文化健康发

* 本文系国家社会科学基金项目"中国共产党长期执政条件下意识形态建设规律研究"（项目编号：17BDJ008）的阶段性成果。

① 习近平：《决胜全面建成小康社会　夺取新时代中国特色社会主义伟大胜利——在中国共产党第十九次全国代表大会上的报告》，《人民日报》2017年10月28日，第1版。

展的有效引领。

## 一、大学生亚文化的典型特征

要有效引领大学生亚文化健康发展，必须把握大学生亚文化的典型特征。大学生亚文化与亚文化、青年亚文化紧密相关，具有普通亚文化的从属性和非主流特征。受主流教育和社会发展的影响，大学生亚文化在文化表达上更趋向于包含智慧的幽默和含蓄的讽刺，低俗内容的比例要远低于一般青年亚文化，具有的典型特征也比较鲜明。

### （一）大学生亚文化体现大学生强烈的主体诉求

大学生的专业条件和素质发展水平使得他们具有强烈的独立意识，更加渴望摆脱对父辈和权威的依附。大学生具有汲取其他文化形态中的流行元素来创设和完善亚文化内涵的优越条件，他们借助在文化创新和文化实践上掌握的主动权来表达强烈的主体诉求。大学生亚文化主体认为，他们所从事的文化才是自己的主文化，而所谓的主流文化则是他们的身外之物。他们通过亚文化活动来确立自己的个性特征，将个人和群体的主体诉求通过这种个性化的文化实践表达出来。近年来，cosplay 社团在校园里逐渐发展起来，但 cosplay 社团的成员很少参加商业活动和展演，他们更倾向于单纯地把二次元形象转置到现实空间。他们扮演自己钟爱的动漫偶像，将动漫形象引入新的情境，更重要的是在动漫形象中倾注自我的主体意识和主体需求。

### （二）大学生亚文化表现出杂糅混合的特征

在网络时代，“青年亚文化的生产、传播、消费和再生产主要展开的媒介空间是以互联网技术为主体的新媒介”[①]，网络把小众且分散的大学生亚文化群集结在互动社区和贴吧中形成具有一定规模的群体，进而形成了多种多样的网络亚文化、消费亚文化、娱乐亚文化等。网络媒介的交互性和共享性不断催生出新的文化形态，各种文化形态彼此交叠，这为文化主体开展跨界文化实践创造了条件。现在已经很难用传统的分类方式对大学生亚文化进行明确的划分。例如，“宅文化”作为大学生回避竞争压力在网络上寻求自我自由意志主导的文化形态大体上可以分为“技术宅”和“宅腐”两种。但是，宅文化中又混杂着大学生的娱乐文化、消

---

① 马中红：《文化政治成为学术焦点，研究方法亟待与时俱进——2016 年青年亚文化研究论略》，《青年探索》2017 年第 6 期，第 77 页。

费文化、学习和社交文化。一般情况下，亚文化的类别越多，界限越明显，亚文化之间的冲突就越大，对主文化的抵抗性就越强。这种杂糅混合特征的出现恰是目前大学生亚文化冲突性降低、抵抗性减弱的一个重要原因。

## （三）大学生亚文化的生活化特征越来越明显

人们选择某种文化，就相当于选择了一种相应的生活方式，在成人的世界里很多令人无法理解的行为对大学生而言则是再自然不过的日常生活，生活向度是大学生亚文化的重要特征。大学生亚文化的生活化使文化价值内化更加深入和全面，如果说“恶搞”是大学生亚文化者们对外界的嘲讽，那么对“屌丝”文化的接受则表示他们已经具备了强大的文化心理能够接受自我嘲讽了。

## （四）大学生亚文化的边缘性和抵抗性更加复杂

大学生亚文化的边缘性源于社会地位边缘性和同辈之间所处阶层的边缘性。大学生在经济上和心理上对父辈还有较强的依附性，就专业技能而言对社会的依附性更强，而在同一所学校，“学霸”和“学渣”就处于不同的同辈阶层，相对的弱势区隔造成大学生群体的边缘性。一些大学生在接受主导教育的表象下，意识形态的偏离成为大学生亚文化的更大隐患。大学生亚文化的抵抗性在总体上是相对缓和的，但这种抵抗性在高校教育改革变动期可能更为明显，如在我国高等教育由计划分配向自由择业的过渡期、由精英教育紧缩招生向大众教育扩大招生的转化期。另外，社会变动的激荡期也是大学生亚文化抵抗性的明显期。同时，这种抵抗性在某些特殊领域可能会表现得更为尖锐，如学术腐败、教育公平等问题。总之，在文明、法治和民主的社会大环境下，我国高校的大学生亚文化边缘性和抵抗性越来越隐蔽和不易应对。

## （五）大学生亚文化具有更突出的文化创新特征

很多大学生亚文化都不是校园原生的，而是由别处迁移或者由某种文化形态演变而来的。但是，大学生亚文化的复制要经过与新环境的磨合、适应，产生新的文化元素才能为大学生所接受，在形成固定文化模式后被确定下来。大学生亚文化吸引大学生的魅力在于再加工和再创作过程，文化创新让亚文化主体通过对现代精神和民族文化的继承与发展来打牢自己的文化基础，这样能够增强他们在社会化过程中的自信。亚文化不是一个人的文化，而是一个群体或者一个部落的文化，个人的文化价值取向和文化实践被群体或部落赋予了更为强大的文化创新动力。很多大学生喜欢哔哩哔哩（以下简称B站）不只是因为B站平台提供了丰富多彩的文化内容，更因为B站为他们提供了文化创造和分享创造成果的平台。

大学生亚文化主体以文化的形式来反映自我对社会发展的认知，用自己独特的文化语言和文化实践来感染外界社会、说服他人，在寻求社会认可的过程中实现文化创新。

## 二、大学生亚文化自身发展中存在的矛盾问题

要有效引领大学生亚文化健康发展，必须掌握大学生亚文化自身发展中存在的矛盾问题。随着时代的发展，大学生对文化生活的需求越来越高，他们更加重视自我的文化选择问题。然而，大学生亚文化受历史和现实的影响，在自身发展中存在一些矛盾，这些矛盾影响了大学生亚文化的健康发展，并在一定程度上出现了其文化实践失范现象，需要予以重点关注和解决。

### （一）独立文化主体和从属文化性质的矛盾

大学生亚文化在发展中逐渐获取了独立文化主体地位，但在大学生文化结构中仍处于从属文化地位，这构成了大学生亚文化自身发展中的一对矛盾。大学生亚文化必须要能够满足和符合文化群体的基本需求与生活方式，并努力通过文化实践活动传递并扩大文化影响才能够获得存在和发展的价值，而在这个过程中独立的文化主体身份是必不可少的。思想政治教育在整个社会场域中处于较高的位置，拥有丰富的教育资源，这些教育资源是知识和文化的重要载体。相比之下，大学生亚文化在文化资源和文化资本的占有方面处于劣势，从满足大学生文化需求和符合生活方式的能力来看，受到从属文化性质的限制。“但在新媒体时代，青年亚文化在时间和空间上的传播优势冲击着高校作为思想政治教育的主体地位。”[①]大学生亚文化的独立文化主体身份赋予了它构建文化资本与主流文化相抵抗的能力，但是受心理发展和能力结构的影响，大学生亚文化主体很难从全局和整体性方面审视与把握事态发展，他们更关心局部的发展和变化，且不善于从整个流程上去考虑利弊得失。所以，大学生往往具备发起和实施文化实践的能力，但却缺乏把握和掌控文化影响的能力，这就容易引发文化实践失范问题。

### （二）群体文化意识与边缘文化地位的矛盾

亚文化群体潜在成员只有使个人的文化价值取向符合某一亚文化群体的文化意识，从而形成本人的文化认知和获得群体文化认同，才能够真正成为某一文化

---

① 李慧敏：《青年亚文化对大学生思想政治教育的影响及对策》，《学校党建与思想教育》2016年第14期，第55页。

群体中的一员。当个人与群体建立了稳定联系后，群体就接纳了这个成员，群体文化意识也就得到了增强。大学生亚文化在群体文化意识强化过程中，表现出趋中心性，这是群体文化意识的正常反应。在群体中凡是遵守既定规则的文化实践都是群体内正当的文化行为，因此能得到肯定和拥护；反之，则会遭到反对和排斥。群体文化行为在群体文化意识的作用下不断调整，使亚文化群体的凝聚力不断增强。群体文化意识的必然反应是寻求社会的认可，当整体的文化意识不断强化的时候就会导致文化群体产生向文化中心发展的心理驱动力。现实中，大学生亚文化处于高校文化场域的边缘位置，一直以边缘文化的身份与主流文化对话。在网络环境下，大学生亚文化的群体文化意识获得更便捷的集结和强化，与其边缘文化地位的矛盾显得更为明显。

### （三）依附发展和抵抗收编的矛盾

大学生亚文化与主流文化同处于高校文化场域内，又拥有共同的文化主体，两者因存在诸多必然联系而难以分割。大学生亚文化在与主流文化的对照中不断丰富文化内容，得以形成自己的独特风格。亚文化实践的动力，源自对已经定型的内容进行解构的欲望和再生产新的文化内容的成就感，诸如恶搞文化、涂鸦文化等很多亚文化形态如果脱离了主流文化便会失去风格和意义。在某种程度上，大学生亚文化无法回避依附主流文化发展的事实。主流文化具有强大的包容性，但主流文化所具有的意识形态功能决定了这种包容不是无条件的。一旦大学生亚文化实践超出了主流文化所能包容的范围或者与主流文化发生了明显的冲突就会导致被主流文化收编。收编就意味着文化风格的弱化和丧失，面对主流文化的强势融合，大学生亚文化要么抵抗，要么以风格的丧失来谋取暂时的妥协发展。这既是亚文化主体的无奈，也是他们风格化的新动力。大学生亚文化既无法脱离对主流文化的依附，又要防止被主流文化收编，在依附发展和抵抗收编中丧失风格或创生出新的文化形态。

### （四）网络传媒技术的助力和异化矛盾

媒体技术实现了大学生亚文化发展的现代转型，但也给其发展带来了无法回避的矛盾冲突。原本长期以来形成的抵抗、风格、越轨等专属语境逐渐被社团、娱乐、消费、生活化等新语境所取代。大学生亚文化的抵抗属性不断弱化，取而代之的是文化自身的多样化、娱乐化、全球化和消费属性特质不断增强。在大学生亚文化与主流文化的关系上，抵抗与收编已经无法全面解决大学生亚文化的发展问题，二者之间需要确立新型关系来促进共同发展。网络传媒技术使大学生的视野和思想活动范围甚至超出了他们自己的经验与想象的范围，但这些通过技术手段得来的并非亲眼所见的视觉效果和并非亲身经历的虚拟实践感受，毕竟不是他们亲身实践所得，而且无法逐一进行实践体验，这反而拉大了虚拟认知与现实世界的差距。文化实践者借助网络媒介获得的认知会造成大学生亚文化实践的进一步异化，形成更加难以填补的“实践真空”。

## 三、大学生亚文化的引领策略

要有效引领大学生亚文化健康发展，必须采取恰当的引领策略。思想政治教育与大学生亚文化相互影响互为补充，同时思想政治教育应当发挥出更为强大的引领功能，因为思想政治教育是主文化。“主文化在文化生态中处于主导地位，对亚文化具有统率和吸纳功能。它通过文化传播将价值观念渗透到亚文化中，使亚文化与文化生态发展方向逐渐趋于一致。”[①]思想政治教育作为主文化要以习近平新时代中国特色社会主义思想为指导，针对大学生亚文化发展的时代特征，既要解决内在发展矛盾，又要搭建良好的发展平台，引领大学生亚文化健康持续发展。

### （一）思想政治教育要转变观念尊重大学生多样化的文化需求

在主流文化繁荣发展的大背景下，大学生亚文化仍能够生存发展，在一定程度上反映出思想政治教育在文化观念和策略上存在供给短板。思想政治教育需要转变观念，采取新态度、新视角、新方法、新策略把大学生亚文化引领问题纳入研究视域并予以足够重视。思想政治教育强调主流文化的主导地位，固然是要给大学生灌输主流的文化形式和文化内容，但是还应该考虑到只有满足大学生多样化的文化需求才能收到更好的效果。主流文化发挥主导作用，多种有益文化并存发展才是大学生文化的合理结构。思想政治教育要改变对待大学生亚文化认识上的割裂态度，不能仅仅把积极的亚文化纳入主导教育体系中，而把不良亚文化作为收编和改造对象来对待。社会阶层多元化导致价值观多样化，导致各种价值文化都可以找到自己的市场。[②]在大学生的文化价值观中不但包含对文化的接受还包含对多种文化的选择，大学生选择多样化的亚文化实践是符合他们特殊时期生理和心理需求的，是他们与社会适应状况的文化反映。任何一种大学生亚文化形态的消亡都是文化发展的损失，更会对大学生成长造成不良影响。思想政治教育要系统研究大学生亚文化的积极作用和消极影响，了解和掌握大学生亚

① 余亚林：《思想政治教育视域下的当代文化生态建构探析》，《思想政治教育研究》2016 年第 4 期，第 82 页。

② 江畅、张媛媛：《中国梦与中国价值》，武汉出版社 2016 年版，第 76 页。

文化产生发展的心理基础、历史原因与社会背景，贴近大学生的本质需求来解决大学生亚文化带来的问题。

### （二）思想政治教育要开通平等对话渠道引领文化发展方向

大学生亚文化的相对独立性对思想政治教育引领产生一定的屏蔽作用，只有符合特定要求的文化价值观才被允许进入这个文化圈。一旦“文化圈”形成，建构和维护话语体系就成为文化主体的主要任务，而思想政治教育的话语权则会被弱化，难以维持其在传统领域中的主导地位。一旦主流教育的输出和大学生亚文化的输入出现断层，思想政治教育对大学生亚文化的引领实践将无处着力。思想政治教育必须着手与大学生亚文化建立平等的交往关系，在真诚、接受和理解的基础上实现“互粉”，只有这样才能与大学生亚文化建立起有效的对话沟通渠道。思想政治教育具有文化功能，在育人实践中“采用一定的文化方式，通过文化武装人的头脑，提高人对不同层次、不同风格文化的分辨力、鉴赏力和创造力”①。只有建立起平等交流的沟通渠道，思想政治教育才能从价值、行为和舆论等层面引领大学生亚文化形成正确的发展方向。习近平同志在中央政治局集体学习时强调：“核心价值观是文化软实力的灵魂、文化软实力建设的重点。这是决定文化性质和方向的最深层次要素。”② 价值观教育历来是高校思想政治教育的重中之重，为大学生精神世界和科学实践提供能量与动力。社会主义核心价值观是一切文化建设的核心灵魂。思想政治教育要用社会主义核心价值观统领大学生亚文化所反映出的多样化的社会思潮、多样化的价值判断、多样化的利益诉求，为大学生亚文化树立精神旗帜，指引发展方向。

### （三）思想政治教育要建好网络平台实现普遍引领和精准对接

习近平同志在网络安全和信息化工作座谈会上指出：“让亿万人民在共享互联网发展成果上有更多获得感。”③当前，网络已经成为影响大学生亚文化发展的双刃剑，思想政治教育需要在建好网络、引导大学生用好网络上下功夫。完善和发展网络引领平台要将广泛布网和精准对接相结合，提高思想政治教育驾驭网络载体建设的实践能力，不但要让主流教育媒体生动起来，还要让大学生亚文化的网络载体健康起来。现在各级教育主管部门、各高校都建设了主流教育网站，还打造了“易班”等一批具有影响力的网络互动平台。很多思想政治教育个人和团队

---

① 陈万柏、张耀灿：《思想政治教育学原理》，高等教育出版社 2007 年版，第 150 页。

② 习近平：《习近平谈治国理政》第 1 卷，外文出版社 2018 年版，第 163 页。

③ 习近平：《在网络安全和信息化工作座谈会上的讲话》，2016 年 4 月 19 日，http://cpc.people.com.cn/n1/2016/0426/c64094-28303771.html。

开设博客、微信公众号，在思想政治教育网络载体建设上发挥了独特的作用。教育部和各省区市每年开展网络思想政治教育精品项目的评审和培育，催生出大量优秀的网络教育载体。微博、微信、知乎、B站等是青年人接触较广的网络渠道，思想政治教育应着手以正能量文化资本入驻青年网络社区。例如，2016年12月1日共青团中央宣布正式入驻知乎，2017年1月共青团中央又宣布正式入驻B站。但“无论是网络思想教育，还是网络舆论引导，只有话语吸引力强、可信度高、影响力大，才能充分发挥网络教育优势，占据主动、赢得人心”[①]。主流媒体在主动关注大学生亚文化网络载体平台的同时，最为关键的是如何让我们的网上思想政治教育真正起效。因此，思想政治教育要在网络时代的语境转换、真正占领大学生思想上舆论高地、赢得话语主动权上下大功夫。

### （四）完善实体引领平台建设为大学生亚文化发展提供空间

由于历史和现实原因，大学生亚文化一直处于从属和边缘位置，这导致大学生亚文化与思想政治教育产生一定程度的对立，影响了引领实践的发展。因此，在正确理念的引领下，思想政治教育的主流教育优势应当并可以转化成文化资源，为大学生亚文化提供发展平台，助力大学生亚文化驶入健康发展的轨道。思想政治教育应该进一步丰富“大学生活动中心”的功能，为学生开展多样化的文化实践活动提供组织和物质载体，缓解大学生实体文化资源匮乏的尴尬境遇。大学生亚文化可利用的文化资源越多，就越能够巩固其文化主体地位，相对稳固的文化主体地位又能够帮助大学生建构正确的文化主体性，从而引领大学生亚文化实践由边缘向中心回归。思想政治教育要深化“大学生心理咨询中心”的功能，学校要在制度、机制和人员保障上加大投入，适应培育大学生健康心态的需要，为学生提供适当的地点、设施，采用适当的方式，缓解大学生特殊心理时期的心理压力。思想政治教育要建设校内教育与社会实践相结合的实践引领平台。因为大学生亚文化发生发展的一部分原因在于大学生与社会本身一定程度的割裂。有效的实践平台能够让大学生有机会将专业技能和综合素质与社会实际对接，让他们能够比较准确地检验自己的专业水平、思想、政治素质等综合素养与社会的匹配程度。有效的社会实践能够帮助大学生形成比较准确的社会认知，减少虚拟实践对大学生造成的异化影响，从而减少大学生的不良亚文化活动。

---

① 冯刚：《创新网络思想政治教育的几点思考》，《学校党建与思想教育》2014年第5期，第5页。

### （五）思想政治教育要优化大学生亚文化环境形成引领渗透机制

大学生亚文化活动是以大学生为主体的文化实践活动，与其有联系的外部环境都可以称为它的外部环境。大学生亚文化与社会经济、网络媒体、大众文化等社会因素息息相关，这些共同性构成了大学生亚文化物理空间范围的“圈层结构”。大学生亚文化环境是思想政治教育的建设对象，可以分为物质环境、制度环境和精神环境三个层次。思想政治教育要从加强和改进环境的三个层次入手，调整环境中对大学生亚文化建设产生不利影响的因素，营造舒适便捷的物质环境、科学人文的制度环境、积极健康的精神环境。陶行知曾表达过这样的观点：过什么生活便受什么教育，过健康的生活便受健康的教育，也可以说，好生活是好教育，坏生活是坏教育，高尚的生活是高尚的教育，下流的生活是下流的教育，合理的生活是合理的教育，不合理的生活是不合理的教育，有目的的生活是有目的的教育，无目的的生活是无目的的教育。[①]环境具有很强的渗透作用，特色突出的校园物质环境、充满人文关怀的规章制度和体现办学理念的校园精神环境能够使大学环境更具有时代感，更符合大学生日益提高的生活和文化发展需求，有助于塑造大学生高尚的道德情操。优化的环境不仅能为大学生提供舒适科学的生活方式，还能为亚文化提供新鲜的文化内容和形式，有助于增强大学生对学校的信任感和归属感，有助于转化和解决利益冲突和思想矛盾。优化的文化环境能够增强大学生的文化自信，进一步提高大学生的社会认可度，在文化价值取向、文化实践等方面为大学生亚文化健康发展提供动力。

### （六）思想政治教育要为大学生亚文化注入理性保障持续健康发展

文化的精神内核就是人的文化修养和道德品质，主流文化是这样，亚文化也是如此。丧失理性就意味着实践失范和风格消弭，除了会对大学生成长产生消极影响外，还会导致大学生亚文化丧失安身立命的根本。文化理性能够帮助大学生亚文化坚守住思想道德底线，避免成为哗众取宠的工具。思想政治教育要为大学生亚文化注入理性，防止大学生亚文化与主流文化发展潮流背道而驰，这有助于拓宽和延长亚文化的发展路径。思想政治教育要从培育理性的社会心态和文化心态入手，引导大学生亚文化主体增加理性。思想政治教育要把道理讲透，要为学生提供实践认知的机会，系统培育大学生的辩证思维能力和用全面、发展、联系的观点来分析当下社会现状与自身未来发展的能力。思想政治教育要培育大学生讲逻辑、守规则的意识，约束他们不要意气用事，排除焦躁心理的干扰，避免他们采用情绪化和简单粗暴的处理方式解决生活学习中遇到的问题。思想政治教育

---

① 陶行知：《陶行知谈教育》，辽宁人民出版社 2015 年版，第 84 页。

要培育大学生沉着冷静、不骄不躁的心理品质，指导他们结合自身特点和社会实际理解“欲速则不达”的道理，让大学生理解无论是个人发展还是国家进步都不能急功近利。思想政治教育要充分尊重大学生的主体性，转化他们对自身经济地位认识上的弱势心态、在政治诉求上的怀疑心态。思想政治教育要在肯定大学生文化实践成绩的同时提出有效建议，帮助他们不断提升文化自律和坚定文化自信，改变他们在文化消费上的审丑心态、在社会舆论上的盲从心态、在文化实践上的情绪化和非理性色彩。

总之，中国的青年大学生是国家的未来、民族的希望，具有不断创新的潜力，必将成为社会主义事业的建设者和可靠接班人。习近平指出：“中华民族伟大复兴的中国梦终将在一代代青年的接力奋斗中变为现实。全党要关心和爱护青年，为他们实现人生出彩搭建舞台。”①大学生亚文化建设是思想政治教育的题中之义，思想政治教育要不断拓展文化功能，进一步培育大学生独立思考精神和文化甄别能力，促使大学生扎根中华优秀传统文化、革命文化和社会主义先进文化，增强立足中国特色社会主义伟大实践的文化定力，引领大学生亚文化健康发展，提升我国大学生的文化软实力。

① 习近平：《决胜全面建成小康社会 夺取新时代中国特色社会主义伟大胜利——在中国共产党第十九次全国代表大会上的报告》，《人民日报》2017年10月28日，第1版。

# 大学生同辈群体思想政治教育研究述评*

孙　苓　徐成芳

**【摘　要】**大学生同辈群体作为大学生学习、生活、人际交往等方面的主要组织之一，在思想政治教育方面发挥着重要的作用。本文分析了大学生同辈群体思想政治教育提出的基本背景，归纳并阐述了大学生同辈群体思想政治教育相关概念的界定、研究意义及国内外研究的基本情况，指出了大学生同辈群体思想政治教育方面存在的不足并展望了今后的主要研究方向。

**【关键词】**大学生同辈群体　思想政治教育　研究述评

党和国家历来十分重视大学生社团的思想政治教育。《中共中央国务院关于进一步加强和改进大学生思想政治教育的意见》明确提出："要切实加强团的组织建设，选拔优秀青年党员教师做团的工作，保证高校共青团组织机构设置和人员配备。……学生会、研究生会要自觉接受党的领导，在共青团指导下，针对大学生特点，开展生动有效的思想政治教育活动，把广大学生紧密团结在党的周围，在大学生思想政治教育中更好地发挥桥梁和纽带作用。……要着力加强班级集体建设，组织开展丰富多彩的主题班会等活动，发挥团结学生、组织学生、教育学生的职能。要加强对大学生社团的领导和管理……要高度重视大学生生活社区、学生公寓、网络虚拟群体等新型大学生组织的思想政治教育工作……发挥大学生自身的积极性和主动性，增强教育效果。"①同时，大学生公寓、兴趣组、网络中的

---

* 本文系以下项目的阶段性成果：2012年辽宁省教育厅科学研究一般项目（大学生思想政治教育专项）"大学生同辈群体思想政治教育实效性研究"（项目编号：WSZ2012305）；2014年辽宁省高校党建理论课题重大项目"巩固高校意识形态工作领导权、管理权、话语权研究"（项目编号：GXDJ2014-A003）。

① 教育部：《中共中央国务院发出〈关于进一步加强和改进大学生思想政治教育的意见〉》，2014年10月14日，http://www.moe.gov.cn/s78/A12/szs_lef/moe_1407/moe_1408/tnull_20566.html。

虚拟群体等非正式组织，对当代大学生的学业、价值观、就业等有重要影响，在大学生思想政治教育方面发挥着越来越重要的作用，我们必须加以重视。在新时代，同辈群体在思想政治教育中扮演的角色越来越重要，发挥的作用越来越显著。有调查显示："影响青少年品德发展因素的结构程式，由'家庭、学校、同辈群体、大众传媒'变为'大众传媒、同辈群体、家庭、学校'。"[①]其中，同辈群体已经超过家庭和学校，成为影响青少年思想品德的第二大影响源。玛格丽特·米德指出："在现代社会中同辈群体的影响甚至大到改变传统的文化传递方式的地步。"[②]这些结论充分表明了同辈群体的重要性。同辈群体的参与，使思想政治教育的效果更加显著，是新时代要求下增强思想政治教育实效性的较好途径。

## 一、大学生同辈群体思想政治教育研究的基本内容

### （一）基本概念界定

#### 1. 同辈群体

美国社会学家戴维·波普诺在其著作《社会学》中，给同辈群体做了详细的定义，即有大致相当的社会地位，并且通常年龄相仿的一群人。[③]同辈群体的成员不一定是朋友，成年人选择同辈群体，一般以共同的兴趣、活动、职业或社会位置为基础。在成年期，年龄的界限更有伸缩性，30～50岁的人，都有可能成为同辈群体的成员。鲁洁认为："同辈群体是由地位大体相同的人组成的关系密切的群体，他们的成员一般在家庭背景、年龄、爱好等方面比较接近。他们时常聚在一起，彼此间有很大的影响。"[④]陈秉公认为："所谓社交圈，就是人们为实现社会目标或满足心理需要，在社会交往过程中建立的有感情投入的联系密切的相对稳定的非正式小群体。"[⑤]不同学者对同辈群体内涵的理解不同，因此产生了许多不同的观点，如有的学者认为，同辈群体也称非正式群体，是与正式群体平行存在的一个群体。我们认为，同辈群体的基本内涵包括：出于共同兴趣爱好、共同目标、

---

① 詹万生：《整体构建德育体系总论》，教育科学出版社2001年版，第121页。

②〔美〕玛格丽特·米德：《文化与承诺》，周晓虹、周怡译，河北人民出版社1987年版，第74页。

③〔美〕戴维·波普诺：《社会学》第11版，李强译，中国人民大学出版社2007年版，第174页。

④ 鲁洁主编：《教育社会学》，人民教育出版社2007年版，第592页。

⑤ 陈秉公：《思想政治教育学原理》，高等教育出版社2006年版，第300页。

共同活动方式等因素而形成的非正式群体，具有自身的自主性和灵活性。

**2. 大学生同辈群体**

我国学者在社会学、教育学、心理学及思想政治教育领域对大学生同辈群体进行了广泛的研究。在大学生同辈群体中，学生之间交往密切，情感相依，有着较为明显的情感色彩，对同学、教师及社会和家庭中的人或事持有类似的见解。有学者认为，大学生同辈群体环境是指相同年龄层次上，由地位、兴趣、爱好、价值观等大体相同或相近的大学生个体组成的关系密切的非正式群体。本文研究的大学生同辈群体的定义为：年龄层次相同，地位、兴趣、爱好、价值观等大体相同或相近的大学生个体组成的关系密切的非正式群体。大学生在各种聚会、校园文化活动及社会实践中共同合作，同辈群体发挥出越来越重要的作用，是大学生不断整合个人的价值观、尝试社会角色的转化并最终实现自我的需要。

## （二）国内研究现状

**1. 基本信息检索**

通过中国知网以“同辈群体”为关键词，在期刊中进行全文检索，截至2015年5月1日，得到5736条信息；以同样方法进行篇名检索得到96条信息；以“同辈群体”为关键词，在博硕士论文中进行全文检索得到2665条信息，主题检索得到609条信息，篇名检索得到22条信息；博士论文的检索结果为0条。

通过中国知网以“同辈群体”为关键词，在期刊中进行全文检索，得到的5736条信息中，1998年及以前的研究成果比较少见，1999年之后逐渐形成规模。

通过读秀学术搜索，以“同辈群体”为关键词，在知识中检索，得到8358条信息；在图书中进行全字段检索，得到118条信息，进行书名检索，得到0条信息；在期刊中进行全字段检索，得到713条信息，进行标题检索得到167条信息；在学位论文中进行全字段检索，得到355条信息，进行标题检索得到21条信息；在报纸中进行两种方式检索都得到4条信息。

从检索结果来看，学者对“同辈群体”的研究给予的关注度较高，形成了一定的规模。但是，更高层次和更深程度的研究还没有形成。

**2. 大学生同辈群体研究的基本内容**

国内很多学者从社会学、心理学和思想政治教育等多维视角对大学生同辈群体进行了研究。主要观点介绍如下。

（1）从社会学角度看，主要是针对同辈群体对大学生社会化的影响方面进行研究。此类研究在同辈群体研究中所占比例最高。冉冉、李吉文认为：一方面，同辈群体对大学生社会化有着积极的影响，能满足大学生的情感交流需求和归属需求，有助于培养大学生对社会角色的认知和担当能力，有助于大学生树立团队合作意识从而提高适应环境的能力。另一方面，同辈群体对大学生社会化也存在着消极影响，同辈群体不良亚文化、价值观和行为倾向对大学生社会化进程具有阻碍作用。①

（2）从心理学角度看，主要是研究同辈群体对大学生心理健康方面的影响。这类研究主要体现为同辈群体对大学生心理健康治疗起到的积极作用。胡伟和胡峰指出："朋辈心理辅导是一种特殊的心理咨询形式，是指由受训或受督导过的非专业人员（朋辈心理咨询员）在周围年龄相当的同学中开展具有心理咨询功能的服务，在学生的日常学习、生活中，自觉开展心理知识普及、心理问题探讨、心理矛盾化解、心理危机干预、心理情感沟通，帮助同学解决日常遇到的实际情况和心理困扰，提高学生的自我管理能力，推动学生群体的互助、关怀、支持，实现学生'自助'成长模式。"②

（3）从思想政治教育的角度看，大学生同辈群体研究具有其自身的特点，并在思想政治教育中产生了重要影响，一些学者进行分析研究后提出了一些解决对策。

首先，关于大学生同辈群体的特点。大学生同辈群体有普通群体的特征，但作为接受高等教育的大学生，他们又具有其他群体所没有的特征。徐美英、郭亮认为，大学生同辈群体的主要特征有价值取向相近、心理归属认同、交往内容广泛、成员关系平等。③陈毅松认为，大学生同辈群体有以下特征："作为自发结成的非正式群体，具有较强的内聚力……成员关系基本是平等的，相互联系密切。……群体成员中一般有核心人物，发挥较大的影响力……同辈群体有自己的群体文化。"④

其次，关于大学生同辈群体在思想政治教育中的作用。陈毅松明确指出，同辈群体满足了青年人的心理需求和情感需要，影响青少年的价值观和行为方式，是青年人社会化的重要途径。王磊认为，同辈群体为思想政治教育工作者深入了解当今大学生真实的思想状况提供了有利条件，可以潜移默化地影响大学生的思想和行为，有利于加快大学生社会化的进程，有利于提高思想政治教育的接

---

① 冉冉、李吉文：《同辈群体对大学生社会化的影响》，《科技信息》2010 年第 18 期，第 53 页。

② 胡伟、胡峰：《朋辈心理辅导模式在高校中的运用》，《江西理工大学学报》2006 年第 5 期，第 66 页。

③ 徐美英、郭亮：《同辈群体在大学生思想政治教育工作中的效用研究》，《科学咨询（科技·管理）》2011 年第 4 期，第 34—35 页。

④ 陈毅松：《思想政治教育中同辈群体的作用分析与对策研究》，《求实》2006 年第 9 期，第 75 页。

受性。[①]徐美英、郭亮认为，同辈群体为大学生自我完善提供了一个新载体，同辈群体为思想政治教育主体深入了解教育客体提供了一个有效的途径，同辈群体具有“润物细无声”的特点，能够在潜移默化中提高大学生的素养，同辈群体交往提高了思想政治教育客体接受教育的主动性与积极性。

再次，关于大学生同辈群体思想政治教育的对策研究。王磊认为：“尊重和重视同辈群体，加大同辈群体研究，完善教育体系。……利用社会主义核心价值体系引导大学生形成正确的群体意识，全面提升大学生的综合素质。……加强对群体中核心人员的教育培养，发挥核心引导作用。”[②]徐美英、郭亮认为，加强对同辈群体的引导，完善群体内部的行为准则，在尊重和理解的基础上，营造和谐的同辈群体交往氛围，将思想教育贯穿同辈群体活动中，发挥主流文化方面的影响力；强化社会主义核心价值观教育，培养同辈群体正确的价值导向；注重培养典型人物的素质能力和道德品质，发挥其模范先锋作用。

最后，关于大学生网络同辈群体对思想政治教育的作用。姚俊、张丽认为，网络同辈群体为大学生提供了非常方便快捷的交流空间，但也会对大学生的思想产生一些负面影响，造成心理疏离感和孤独感等现象的出现。[③]

**3. 与同辈群体相关的其他研究**

同辈群体对大学生的价值观、消费观、交往观、学习观、职业观等方面均有一定程度的影响。另外，关于同辈群体压力方面的研究，武朝明认为同辈群体压力是无形的、经常的、强大的，同辈群体压力的作用是双向的。[④]同辈群体压力既可以起积极作用，也可以起消极作用，并提出了引导同辈群体压力发挥积极作用、促进同辈群体良性发展的对策。

### （三）国外研究现状

**1. 基本信息检索**

以同辈群体“Peer Group”作为标题在 Web of Science 进行检索，得到论文 2201 篇，其中发表最早的文章是在 1956 年，共 2 篇；以“Peer Group”作为关键词进

① 王磊：《同辈群体视域下的大学生思想政治教育》，《佳木斯教育学院学报》2011 年第 8 期，第 9—10 页。

② 王磊：《同辈群体视域下的大学生思想政治教育》，《佳木斯教育学院学报》2011 年第 8 期，第 9—10 页。

③ 姚俊、张丽：《网络同辈群体与青少年社会化》，《当代青年研究》2004 年第 4 期，第 24—27 页。

④ 武朝明：《论青少年同辈群体压力的引导》，《学校党建与思想教育》2009 年第 24 期，第 89—90 页。

行检索，得到的结果是 57 028 篇文章。将结果按照语言种类进行排序，排在前五位的依次为英文、韩文、中文、德文和西班牙文；按照发表文章数目排名，排在前三位的作者分别是美国南加利福尼亚大学的施瓦兹、美国杜克大学的道奇和日本成蹊大学的泷泽诚；按照文章数量对期刊进行排名，可以发现发表同辈群体文章数最多的期刊前两名分别为《社会科学和行为科学》和《青少年杂志》。在检索到的英文文献中，有 13 篇文献标题是直接与大学生同辈群体相关，主要研究内容涉及打架、饮酒、吸毒和学习等方面。

从搜索的基本情况看，国外对同辈群体研究起步较早，内容非常丰富，涉及社会学、心理学等多个学科。除了使用英语的国家外，日本和韩国对同辈群体问题的研究也比较多，在著名的专家学者中，东西方专家均有涉猎。由此可以看出，同辈群体问题受到了国内外学者的广泛关注。

**2. 国外研究同辈群体的基本内容**

从检索到的资料和书籍中，总结国外同辈群体研究的主要内容如下。

（1）同辈群体对青年人社会化的影响。同辈群体这一观点，属于社会学理论，国外对这方面的研究主要集中于同辈群体对青年人社会化产生的负面影响，而影响的内容主要涉及吸毒、犯罪及同辈群体给青年人带来的压力（负面）。主要的研究方法是实证调查的方法，并对调查结果进行总结，最后对研究的结果进行阐述，同辈群体与青年人社会化的负面行为、危险行为有紧密联系，要求建立积极的防御措施。

（2）同辈群体与学校之间的关系。霍林斯黑德于 1949 年出版的《埃尔蒙泰因的青年》，提出了现代学校中存在的同辈群体问题，引起了学者的广泛关注。霍林斯黑德发现，埃尔蒙泰因的学生生活主要是围绕小团体和同辈群体展开的。衣服的样式、参与俱乐部活动和学校之间的体育活动、课程的选择和毕业后的愿望，所有这些都是受小团体的影响而形成的。同辈群体增加了参与社会流动的机会。

（3）同辈群体对学生学习的影响。主要研究视角是同辈群体对青年人产生的积极影响，是指青年人的学习动力源于同辈群体的内部认可，从而产生学习的动力，进而进行积极学习，这些学习是同学校教育相一致的学习，而不是顺应群体亚文化而反对学校的教育。

**3. 其他研究**

在对同辈群体的其他研究中，我们不难发现，国外对同辈群体的重视程度较高，关于青年人戒毒、治疗精神疾病、同辈评价等的研究也较为广泛，同时对儿童同辈群体的研究更是比较深入。这些研究对本文的借鉴意义有限，在此不做过多阐述。

## 二、大学生同辈群体思想政治教育研究评价与展望

### （一）现今研究的基本评价

思想政治教育要不断完善其基本的理论，不仅需要不断研究国内的前沿理论，还需要借鉴国际相关的研究成果，发挥大学生同辈群体在思想政治教育方面的良好作用。

**1. 国内研究的基本经验和不足**

（1）理论研究方面。国内学者对大学生同辈群体思想政治教育理论方面的研究，已经初具规模，特别是1998年以后，这一主题越来越受到学者的广泛关注。研究的基本内容主要是围绕社会学和思想政治教育相结合的角度展开的，对大学生同辈群体影响思想政治教育的特点、路径、作用等方面都有不同程度的研究。然而，思想政治教育作为马克思主义理论教育的重要组成部分，必然体现马克思主义的基本观点和理论基础，我们发现在这些理论研究中，没有明确地体现马克思主义的基本原理，仅仅将同辈群体作为思想政治教育的中观环境进行研究，几乎没有涉及马克思主义相关的基本理论，且缺乏重要的立论支持。

（2）实效性研究方面。对大学生同辈群体思想政治教育理论研究起步较早，实证研究相对较晚，在中国知网和读秀网的查询中发现，对大学生同辈群体思想政治教育方面的实证研究的论文有3篇，说明国内学者已经认识到，思想政治教育作为一项社会实践活动，必须到实践中加以检验。实证研究是实践研究的主要载体。但也需要认识到，在已经发表的实证研究的论文中，调查研究的对象也不具备代表性，实证研究没有长期可靠且有说服力的数据基础，针对同辈群体思想政治教育而开展的调查研究较少，也没有较为完备的调查问卷和相关分析等资料，深度和广度较为缺乏。

（3）研究视角方面。大学生思想政治教育是意识形态教育的主要渠道，我们对大学生同辈群体思想政治教育的研究主要从正面的角度出发，阐述大学生同辈群体对思想政治教育的影响和作用。但是，对其负面影响的研究较少。大学生同辈群体广泛存在于高校中，是不容忽视的教育主体之一。国内大多数学者主要是从大学生同辈群体的积极作用、对策研究方面进行研究的，而对于大学生同辈群体的局限性及对策研究较少。

**2. 国外经验的借鉴和反思**

（1）理论研究方面。国外关于同辈群体的研究主要集中于社会学、心理学和教育学等方面。在文献整理中不难发现，纯理论的研究相对较少。同辈群体作为社会学的重要理论，没有学者将其与马克思主义基本理论相结合，也没有学者以

马克思主义基本理论为指导进行研究，带有典型的西方研究色彩。

（2）实证研究方面。与国内研究相比，国外研究的一个突出特点就是实证研究较多，在搜索到的外文文献中，研究同辈群体的文章几乎都是在基础数据的支撑之下完成的，内容涉及非常广泛，调查的对象也比较广泛。相反，纯理论的研究非常少见。

（3）研究视角方面。国外研究同辈群体的视角几乎都是基于负面的角度，通过一系列的调查研究来阐释同辈群体的不良影响，从而提出建设性的意见和建议来预防某些负面事件的发生。在研究中发现，国外同辈群体之所以被放在负面的研究视角中进行研究，是因为在学校和社会化之间缺乏基本的连接纽带，即专门的公民教育或思想政治教育，同辈群体形成了自己的亚文化，而这种亚文化恰恰是为反学校、反社会而存在的，没有专门的学校机构对其进行适当的教育和引导，致使其自由行动，从而产生了不良的社会影响和效果。这也是西方“自由主义”的负面体现。

### （二）展望今后的研究方向

通过考察国内外专家、学者对同辈群体问题的研究成果，在这些研究成果的启发下，今后的研究主要应从以下三个着力点出发。

（1）以整体的历史眼光研究问题。将对大学生同辈群体思想政治教育进行贯穿性的研究梳理。与以往学者直接针对同辈群体思想政治教育中的具体问题开展研究不同，认真梳理并回顾改革开放以来大学生同辈群体思想政治教育的发展历程，从中寻求大学生同辈群体思想政治教育的基本规律，为今后开展研究奠定理论基础。

（2）更加注重实证研究。在理论研究的基础上，通过大量的实证研究，找到目前同辈群体思想政治教育存在的问题，并揭示问题形成的原因。通过调查问卷、学生访谈、教师访谈、案例分析等方式，深化大学生同辈群体思想政治教育实证研究的深度和广度。

（3）确立大学生同辈群体思想政治教育和中国传统文化的契合点。坚持马克思主义对大学生思想政治教育的指导地位，培育践行社会主义核心价值观，同时将中国优秀的传统文化融入其中。在马克思主义指导下，将同辈群体理论和中华优秀传统文化相结合，融入中国特有的符号，以大学生喜闻乐见、易于接受的方式开展思想政治教育，增强思想政治教育理论性、时代性和民族性。

# 美学与大学生思想政治教育

刘玲灵　徐成芳

**【摘　要】**大学生思想政治教育工作是高校教育的重要组成部分，作为大学生思想政治教育工作者要尽可能增强工作的实效性。传统的以灌输为主的理性化大学生思想政治教育方法已不能满足当前教育的需要，而美育是以美学为理论基础，致力于提高学生审美能力的一种教育，发挥美育对大学生思想政治教育的重要作用，可以以怡人的方式来对学生进行思想政治教育，可以使大学生用审美的心胸去体验思想政治教育实践，从而增强大学生思想政治教育的实效性。

**【关键词】**美学　美育　大学生思想政治教育

大学生思想政治教育是一个综合性的系统工程，是一项重要的任务，我们在本文中不作全面的论述，只是就以下几方面略抒己见。

## 一、美学精神内涵的解读

对美学精神的解读，可以从美的内核和审美的内核这两方面进行。

首先，我们要分析美的内核是什么。“美是什么”这个美学的中心问题，是一个古老的问题，也是一个直到今天依然在争论的问题。我们要区分广义美的概念和狭义美的概念。狭义的美指的是我们在审美时讨论的优美，它指的是一种单纯、完整、和谐的美，我们日常生活中用的美通常指的是狭义的美；美学学科中谈到的美不限于这种狭义的美，而是指广义的美，它包括一切审美对象，不仅包括优美，还包括崇高、悲剧、喜剧、荒诞、沉郁等各种美的形态，狭义美和广义美是指美的范畴。

19世纪德国哲学家费尔巴哈从审美主体和审美对象的关系入手，提出了“对象是人的显示出来的本质”的命题。马克思在《1844年经济学哲学手稿》中将人的本质力量纳入经济生活和社会生活中加以考察，提出了“劳动创造美”、劳动产品是“人的本质力量的对象化”[①]的著名论断。由此可见，美与其他创造物一样，其本质就是人的本质力量的对象化。

美的本质是人的本质力量在社会实践中的感性显现，它反映的是人与整个客观世界的审美关系。人的本质力量指的是人在实践中逐渐形成和发展起来的一些基本的属性与能力，如智慧、品格、创造力、思维力、想象力、审美力、理想、情感、兴趣等。美是由内容和形式两部分组成的。从对美的欣赏过程来看，人们总是先接触这些对象性的形式，然后通过形式去感受其内容的美与丑。总之，美就是以满足人感官的物质形式来显现出对人的本质力量的肯定与欣赏。

其次，我们要弄清审美的内核，而要弄清审美的内核我们需要做到以下两点。第一，要明了美与感受美的主体有关。只有联系到这个主体，美才能够被阐述，美从主体的知、情、意结构中得到基本定位，又进一步在情感和感性中定位，这个感受美的主体就叫审美主体。美感不是审美主体的认识，而是审美主体的体验。王夫之强调：“身之所历，目之所见，是铁门限。”[②]审美体验是与生命、与人生紧密相连的直接的经验，它是瞬间的直觉，在瞬间的直觉中创造一个意象世界，一个充满意蕴的完整的感性世界，从而显现照亮一个本然的生活世界。第二，要明了审美要有审美心胸。有的思想家、文学家、艺术家称其为“平常心”，有的称其为“童心”，有的称其为“闲心”。宋代大儒程颢有《春日偶成》诗曰：“云淡风轻近午天，傍花随柳过前川。时人不识余心乐，将谓偷闲学少年。”又有《秋日偶成》诗曰：“闲来无事不从容，睡觉东窗日已红。万物静观皆自得，四时佳兴与人同。道通天地有形外，思入风云变态中。富贵不淫贫贱乐，男儿到此是豪雄。”程颢的意思是说，有了“闲心”，人才能从天地万物、风云变幻中获得一种精神享受，使自己超脱贫富贵贱等实用功利的烦恼，达到“从容”“自得”的境界。中国古代许多思想家、文学家都认为一个人的“闲心”，即审美心胸是他们进行审美活动的前提。有了“闲心”，就有了审美眼光，那样他才能在很平常、很普通的生活中发现美。

综上所述，审美的内核就是审美主体在了解什么是美的基础上，以审美的心胸去进行审美体验的活动。

## 二、美育的特点

美育即审美教育，它是以美学为理论基础，提高学生审美能力的一种教育，它有自己独特的特点。

---

① 马克思：《1844年经济学哲学手稿》，人民出版社2000年版，第50页。

② 王夫之：《姜斋诗话》卷二，舒芜点校，人民文学出版社1961年版，第140页。

首先，美育具有以情感育人的特点。美育是一种情感教育，俗话说“人非草木，孰能无情”。亚里士多德也曾说过，说服是通过使听众动感情而产生效果的，因为我们在痛苦、欢乐、爱和恨的波动中会做出不同的决定。情感是师生间沟通的良好桥梁，作为教师更应借助情感投入来打动学生的心，拉近师生距离，增进师生情，这样才能取得更好的育人效果。

其次，美育具有给人以精神享受的特点。传统的“注入式”、“灌输式”和“填鸭式”的大学生思想政治教育方式，容易给学生以压抑感，久而久之学生会丧失学习兴趣，而靠美的力量、用美的方式来吸引学生，为他们营造一种愉悦的学习气氛，会让他们在精神享受的同时，积极主动地去学习、去问为什么、去探究他们所不熟悉的陌生领域的知识，从而把所学的知识内化。

再次，美育具有润物无声的特点。审美教育是一种通过逐步熏陶、潜移默化的教育方式来使人的思想或认识逐渐发生改变的教育方式。孔子特别重视审美教育，他认为个人的情操修养和国家治理的理想境界最终都取决于乐教。孔子认为，一切说教比不上乐，其他艺术的美的教育也比不上乐。孔子意在通过这种特殊的美感教育，使人在愉悦中不知不觉地潜移默化，从而使人因心境美而达到道德的最高层次——仁。

最后，美育具有提高人生境界的特点。美学精神的内涵在于追求一种最高的人生境界，即审美的人生境界，因此美育具有提高人生境界的特点。人的精神境界、心灵境界具有导向性，对于他的生活和实践具有指引作用，一个人有什么样的精神境界、心灵境界，就意味着他会有什么样的生活，也决定着他有什么样的人生态度和实现什么样的人生价值。一个有着较高审美境界的人，必然追求审美人生。审美人生就是诗意的人生，创造的人生，爱的人生。诗意的人生：就是跳出自我，用审美眼光和审美心胸看待世界，照亮万物，体验它的无限意味和情趣，享受“现在”，回到人的精神家园，也就是蔡元培所说的“享受人生”。创造的人生：就是一个人的生命力、创造力高度发挥，甚至发挥到极致。这样的人生才有价值，才充满活力。马斯洛曾经说过，创造性与自我实现是同义词，创造性与充分人性也是同义词。自我实现就是充分利用和开发能力与潜能为社会、为他人贡献力量。爱的人生：就是一个人的人生充满诗意的创造，一定会给他带来欣喜，从而使他热爱人生，从此之后怀着一颗感恩之心来对待每个人和万事万物，使他产生“实践如此美好的感悟”，同时他也就具备了一种崇高的责任感。

## 三、美育对大学生思想政治教育的重要作用

大学生思想政治教育的任务主要是提高学生的政治素质、道德情操和思想品

质等，而美育是进行以上诸方面教育的重要手段。美育是熏陶、感发，也就是孔子所说的“兴”，使人在物我同一的体验中超越自我的有限性，从而在精神上达到自由的境界。美育的作用是多方面的，但对大学生思想政治教育来说，它的作用主要体现在以下几个方面。

第一，美育可以增强大学生思想政治教育的实效性。大学生的思想政治教育工作就是要把思想政治素质作为培养学生的最重要的素质，不断增强大学生的爱国主义教育、集体主义教育、诚信道德教育等，目的是使学生形成科学的理想和信念，从而使他们树立起正确的世界观、人生观和价值观。但是，由于大学生思想政治教育本身的教育内容具有抽象性，而传统的教育方式又是以教育灌输和学生接受为主，这使得学生的学习兴趣受到影响，从而也影响了教育的效果。美育的过程是通过熏陶和感发，用美的事物（即美育的形式，如文学、电影、音乐、美术等艺术形式）来激发学生的感情，以实现以美诱人、以美感人、以美育人的教育效果，使学生在对美的事物进行鉴赏和体味中，理智上得到满足，情感上得到享受。例如，在“思想道德修养与法律基础”课程中，第二章讲授爱国主义，教师可以为学生播放电影《叶问》，其中有一情节：叶问在打败多个日本人时，一位将军非常震惊于叶问的武功之高，便问他叫什么名字，叶问却回答说：“我只不过是个中国人。”同学们看到这个情节，无不鼓掌。这个影片塑造了一个拥有高尚武德的爱国武术宗师的形象，用他的爱国主义行为激发学生的爱国主义情感，既营造了良好的课堂气氛，也能取得良好的教育效果。学生在看完这部影片后，内心都是激情澎湃的，并自发地进行了爱国主义演讲，他们大声朗读毛泽东的《沁园春·雪》，集体起立共唱国歌。我们通过这样的方式来给学生讲授什么是爱国主义，他们能不爱听吗？他们能学不会吗？因此，寓教于美，使学生的学习兴趣大大增强，才能做到以美引真——使学生正确认识事物的本质和规律性的东西；做到以美引善——使学生拥有良好的思想感情和道德品质，从而实现大学生思想政治教育的价值目标。

第二，美育可以使大学生心境平和。从心理学上讲，大学生正处于迅速走向成熟而又未真正成熟的过渡阶段，他们的抽象逻辑思维迅速发展但是易具有主观片面性；情绪、情感日益丰富但波动较大；自我意识增强但不够成熟，因此他们的心理更容易受到上述社会不良环境的影响，尤其是现在社会上拜金主义、享乐主义、极端个人主义对大学校园的冲击，重智轻德、学分至上等错误思想对学生的误导，学习负担和就业造成的压力等，使他们的心理问题日益凸显。美育通过以情感人、以美的事物陶冶人，可以为学生营造一种宁静的心境。美育是通过维护每个人精神的和谐，来维护人际关系的和谐，从这个角度来看，美育对大学生思想政治教育至关重要。

第三，美育可以陶冶学生的道德情操。邓小平指出：“现在我们国内形势很好。

有一点要提醒大家，我们在建设具有中国特色社会主义时，一定要坚持发展物质文明和精神文明，坚持五讲、四美、三热爱，教育全国人民做到有理想、有道德、有文化、有纪律。”[①]五讲，即讲文明、讲礼貌、讲卫生、讲秩序、讲道德；四美，即心灵美、语言美、行为美、环境美；三热爱，即热爱祖国、热爱社会主义、热爱中国共产党。“五讲四美”不仅是继承中华民族优良传统的需要，而且是建设社会主义精神文明的需要。从邓小平同志的讲话，我们可以看出邓小平同志重视把美育作为提高人道德修养的重要手段。美育通过广播、影视、网络、音乐、美术等美的形式，来激发学生对善的向往和追求，唤起学生对他人高尚行为的崇拜，从而唤起他们效仿他人良好道德行为的愿望。美育可以陶冶人的情操，尤其是对那些心理意识由不成熟逐渐走向成熟的“90后”和“00后”大学生来说至关重要。

总之，美育对大学生思想政治教育至关重要，我们要采取有效的措施来加强大学生的审美教育。首先，通过开设美学课程来对大学生进行基本理论知识的传授。例如，沈阳体育学院作为体育类院校，现在已经开设体育美学课程。如果再开设一门思想政治教育美学课程，可以使学生从不同角度学到更多的美学理论知识。大学生从心理学角度上讲，正处于心理意识由不成熟走向成熟的阶段，他们容易受到社会上一些不良因素的影响，对一些是非、善恶、美丑的意识可能会出现一些偏颇。因此，通过系统学习美学理论知识，可以帮助他们明辨是非、善恶、美丑，可以引导他们以美的规律去思考问题、分析问题、解决问题。其次，通过开展一些审美活动来让学生进行审美体验。学校可以定期举办一些学生音乐会、画展等，来提高学生的鉴赏水平。体育类院校更有自己独特的优势，我们可以举办一些体操表演比赛、武术表演比赛等，这样不仅可以培养学生的美感，丰富他们的校园文化生活，使他们的精神得到享受，还可以让他们的才艺得到展示。高校开设美学理论课程和开展审美活动可以使学生的德智体美得到进一步发展，既有助于增强大学生思想政治教育的实效性，还能获得比单纯依靠“说教”更好的教育效果。

---

①《邓小平文选》第3卷，人民出版社1993年版，第110页。

# 关于“大班授课—小班讨论—大班交流”模式的思考*

徐成芳　张　琦　赵　颖

【摘　要】“大班授课—小班讨论—大班交流”模式综合运用了多种理论，既坚持了传统的灌输理论，又突破了灌输理论的单一理论维度，体现了较强的理论包容性，是教学模式包容性发展的新探索。这种模式拉近了课堂舞台与社会大舞台的距离，符合学生思想成长和能力提高的规律。因此，应当不断深化对该模式规律性的认识和把握，形成长效机制。

【关键词】大班授课　小班讨论　教学模式

目前，有很多学校在进行“大班授课—小班讨论—大班交流”模式的探索。这一改革探索符合教育教学规律，已经对提高思想政治理论课教学效果、增强思想育人和政治育人功能发挥了重要作用。但是，在实践中也存在一些问题需要解决。比如，这种模式有没有理论基础和现实依据？这种模式与案例教学、实践教学是什么关系？如何形成长效机制？如何提高小班讨论指导教师的指导能力？因此，要真正发挥好该模式的育人功能，还需要进行深入的理性思考和进一步的实践探索。

## 一、“大班授课—小班讨论—大班交流”模式的理论基础

该模式的第一个理论基础是马克思主义的灌输理论。灌输理论是思想政治教育的理论基石。过去的无产阶级不能自发地产生科学社会主义思想体系，今天的

* 本文系以下项目的阶段性成果：国家社会科学基金项目“坚持马克思主义在我国意识形态领域指导地位深层次研究”（项目编号：09BKS039），大连理工大学985“三期”科技、人文与社会发展研究创新平台“马克思主义理论研究与教育领域”，大连理工大学基本科研业务费专项“基于大班授课小班讨论模式的我校创新人才培养机制研究”（项目编号：DUT11RW315）。

大学生同样不会自发地形成完整准确的科学社会主义思想，不会自发地形成系统的习近平新时代中国特色社会主义思想。大班集中授课和交流，是思想政治教育的主渠道，也就是“灌输”的主渠道。因此，“大班授课—小班讨论—大班交流”模式是对灌输理论的坚持和发展，而不是废弃。灌输理论具有鲜明的目的性、指向性和规范性，反映了理论传播的最本质特征。尽管灌输的方式方法多种多样，有的笨拙有的巧妙，但目的都是向受众传播价值观念。

该模式的第二个理论基础是主体间性理论。这种理论把教学活动看作主体间的共在，是自我主体与外部世界的对话、交往，是对自我与他人的认同，因而是自主的学习方式和对生存意义的体验。从20世纪80年代初开始，我国教育理论界对师生关系展开了持久的讨论，但无论是主导与主体论还是双主体论等，都没有脱离笛卡儿的二元对立思维模式。因为根据主客二元相关规律推定，在同一境域中，一方是主体，另一方必然是客体，主体是活动的发出者，客体是主体加工的对象，二者具有鲜明的等级对立关系。师生关系被理解成是知识授受关系、控制与被控制的关系。所以，在这种理论指导下开展的教育实践，要想把师生关系完全统一起来既不可行也不可能。20世纪90年代末，在西方主体性哲学向主体间性哲学转向及哈贝马斯交往理论等影响下形成的主体间性理论，使人们逐渐打开思路，走出了主客二元悖论的困境。人们认识到“他人不是客体”，师生共同参与并融合到教育情境之中，二者之间形成不可分割的主体间区域。其实如果追根溯源，交往理论并不是哈贝马斯的发明。马克思主义的交往实践理论已经非常深刻地揭示了主体间性。马克思认为，实践不仅生成了人的本质力量的对象化世界，而且在主体之间建构了交往共同体，即主体际。马克思称其为“交往”、“交往形式”和“交往关系”。它是主体间以客体为中介进行的交往实践活动。这一活动包括物质交往和精神交往，而思想政治教育正是交往实践活动的重要形式。[①]“已成为桎梏的旧交往形式被适应于比较发达的生产力，因而也适应于进步的个人自主活动方式的新交往形式所代替；新的交往形式又会成为桎梏，然后又为另一种交往形式所代替。”[②]在交往实践中，新的交往形式不断代替旧的交往形式，人的主体性不断发展，人的本质不断生成，从而不断生成为自由的人、生成为全面发展的人。

该模式的第三个理论基础是传播学理论。首都经济贸易大学、北京林业大学“马克思主义大众化传播方式研究”联合调研组调查表明，今天的大众尤其是年轻一代，对马克思主义理论的理解、认同和支持程度，不仅与理论本身的科学性有

① 张耀灿、郑永廷、吴潜涛，等：《现代思想政治教育学》，人民出版社2006年版，第79—80页。

②《马克思恩格斯选集》第1卷，人民出版社2012年版，第204页。

关，更与理论传播渠道的多样化、传播内容的时代性、传播主体的高素养密切相关。基于调查数据和交互分析结果，研究者认为，当代马克思主义大众化传播，必须与受众的兴趣、利益需要及信息接收习惯相契合，必须广泛利用各种传播渠道，特别要积极利用网络、手机等新的传播技术，对不同类型的受众展开有针对性的传播；必须提升传播主体的综合素养，才能取得更好的传播效果。受众认为马克思主义传播者身上存在的最主要问题是：照本宣科、传播方法单一。调查发现，受访者对这一问题选择率较高的两项分别是“照本宣科”（67%）和“传播方法单一”（54%）。40岁以下三个年龄组对“照本宣科”的选择率均超过70%，说明年轻一代普遍对传播者的说教方式比较反感。同时，多数受访者对“传播方法单一”的不满，也提醒理论传播者要敢于、善于进行传播方法的创新，以生动活泼的形式吸引受众对理论的接触和接受。①

该模式的第四个理论基础是角色变换理论。在角色理论中，角色本身具有很强的约束力。公认的某种角色所具有的特征、标准作为一种客观尺度，成为角色模仿者想要达到的目标。角色互换要求模仿者放弃和打破原本角色的心智定式、思维定式和行为定式，实现角色转换。学生是知识传播过程中的积极参与者，作为教学活动中的另一参加主体，师生角色互换，能充分调动学生的学习自觉性和主动性，使学生实现能力跨越、风采展示，还可以使教师发现问题及时指导。在小班讨论和大班交流中，让学生走到被教师长期“霸占”的讲台上来，实现师生角色互换，有助于提高学生学习的积极性、表达能力和团队合作能力。教师应让学生在课堂上“动”起来，把课堂让给学生，为学生提供一个表现自我、自主学习的舞台，将学生被动接受知识的学习过程转变为学生提出问题和解决问题的主动探索过程，全面促进学生创新能力和实践能力的发展，促进师生双方换位思考、增进了解，推进教学改革，从而实现教学相长。

该模式的第五个理论基础是游戏理论。大教育家孔子就曾强调志于道、游于艺。游戏是人类的本能，又是人类进步的动力。游戏理论启发我们，孩子的许多知识和能力都是在游戏中学到的。孩子在游戏的时候身体可能很累，但是精神上不觉得累。这是为什么呢？就是因为游戏是快乐的。事实证明，人在快乐的时候精力更加充沛，大脑皮层更加兴奋，更容易打开心扉，更容易接受知识和掌握知识。“90后”“00后”大学生是成长在物质丰富时代的宠儿，且大多是独生子女，得到了较多的爱护和期望，总体上更活泼、更阳光、更开朗。但是，随着年龄的增长，他们告别了幼儿园和小学老师们带领做游戏的美好时光，走向了书本堆积的学生时代。面对学习的压力、就业的压力、情感的焦虑，他们也苦闷、也压抑、

① 首都经济贸易大学、北京林业大学联合调研组：《真理，如何离大众更近些——关于当前马克思主义大众化传播问题的调查思考》，《光明日报》2011年2月2日，第15版。

也纠结，渴望成熟与长大，渴望与同龄人之间的沟通。在大学课堂里，80～200个学生坐在一起上大课，互相之间不认识、不说话、不交流、不沟通，学生彼此之间形同陌路，因为上课而走到一起，下课铃响之后，就各干各的。这种沉默、压抑的学习氛围不利于理论课教学的顺利开展。

## 二、“大班教学—小班讨论—大班交流”模式的现实依据

首先，大班教学的普遍性存在。有的人说政治课都是大班教学，都上不好。其实这是一种误解。这种误解往往反倒成为一种束缚，使人先入为主地认为精彩不起来，结果就可能真的精彩不起来。大班教学并非一定就不能精彩，好的学术报告在大礼堂往往掌声雷动就是例证。大班教学不是中国的独有情况，网上国内外大学的许多公开课视频往往丰富多彩。大班教学作为一种传统的教学资源整合形式，具有很多优点。比如，集约各种教育资源、广泛快捷传播公共通识课程的知识、知识接受群体面广泛。因此，大班教学是公共通识课程传播的主渠道，我们必须接受它、喜欢它而不能拒绝它、讨厌它，我们必须很好地面对它、研究它、开发它。与小班型教学不同，大班教学为教师提供了一个大舞台。教师必须能够有效驾驭课堂氛围、环境、情绪，必须善于在该安静的时候保持课堂安静、在需要活跃的时候实现互动，必须有教学力能使课堂形成强大的气场，而不是透风漏气。

其次，学生思想成长的客观需要。我们培养的大学生不仅要能够把道理听进去，而且要能够把道理说出来。如果把学生当作容器，只是单纯地我讲你听、我讲你记是不行的。这种培养方式不是与时俱进，而是故步自封。学生不仅要学会倾听，而且要学会说话、学会讲话。如果大学四年都是在听，而没有机会讲话，该是多么可怕。我们教出的学生，如果在该讲话的时候不会讲话，他将丢人；同样，如果他在不该讲话的时候乱讲话、讲错话，他将失言。丢人失言，就会丢掉机会，丢掉他的发展机遇乃至前程。听的能力固然重要，说的能力同样重要。听，只要你被动地坐在那里就可以了。说，则不然。讲话之前，必须进行思考、进行准备、进行整理，必须有能够说出来的东西。说，要求人们主动地学习。就在“听”与“说”之间，学生实现了思想成长，将所学到的知识加以整合和利用，从而真正实现学以致用。

最后，课堂舞台是社会大舞台的练习场。学校是一个小社会，课堂的小舞台连接着社会的大舞台。早在革命战争年代，学生经常走上街头，宣讲革命，涌现出了一大批街头演说家。时代不同，现在虽然已不需要街头演说家，但是仍然需要大批具有卓越思考能力、表达能力、沟通能力、说服能力的人才。政治理论课

有义务肩负起这个光荣的使命。无论是苏联解体还是中亚的“颜色革命”，无论是埃及的大游行还是利比亚、也门的危机，到处都能看到思想文化的交锋与竞争。再好的思想财富、精神支柱、理论武器，要发挥作用，也要有人去信仰、去宣传、去运用、去践行。如果我们的大学生在大学时代没有培养出这种能力，就不能指望他们走上社会，在遇到历史虚无主义、历史终结论、普世价值论、新自由主义和民主社会主义等思潮挑战的时候，能够立于不败之地。

## 三、如何进一步完善“大班教学—小班讨论—大班交流”模式

既有理论基础又有现实需要和依据的“大班教学—小班讨论—大班交流”模式，一定具有较强的生命力，一定能够搞好，一定必须搞好。

首先，进一步认识“大班教学—小班讨论—大班交流”模式的优势和局限性，以开放的胸襟兼收并蓄，推动这一模式的包容性发展。在实践中，经常会看到一些开展案例教学的人贬低“大班教学—小班讨论—大班交流”模式，而推行“大班教学—小班讨论—大班交流”模式的人则拒绝采用案例教学，形成了“王婆卖瓜自卖自夸”的局面。其实，无论是案例教学还是“大班教学—小班讨论—大班交流”模式，都只是众多教学改革中的一种，既有优势又有局限。只有综合运用，才能避免片面性、避免走向极端、避免排斥其他教学模式改革，才能实现综合创新，才能完善一个个具体的教学模式。

其次，要不断深化对“大班教学—小班讨论—大班交流”模式的规律性认识和把握。现在有很多开展“大班教学—小班讨论—大班交流”模式研究的学者，但对该模式的认识还只是停留在经验性层次，停留在不得不完成教学任务的水平。教学活动是日复一日的周期性活动，不是今天搞明天停的活动，一定是有规律的，对这种规律的把握确实需要有较强的责任感。不同的理解，就会有不同的境界、不同的态度、不同的深度。“大班教学—小班讨论—大班交流”模式是一个完整的教学链，其中每一个环节都需要认真设计、组织和安排。凡是认真设计、组织和安排的，讨论的效果就好，反之效果就差。

再次，要研究学生和激发学生。思想政治课必须能够使学生动起来、参与进来，否则就是失败的。学生是我们的工作对象，是我们的听众，马克思主义大众化就是用马克思主义化大众，我们的任务就是培养青年马克思主义者。知识的传授仅仅是一个方面，更重要的是思想的传播、立场的传播、情感的传播、能力的传播。马克思主义是让人幸福的主义，马克思主义是以人为本的主义，马克思主

义是让人获得解放的主义。如果学生学完了政治课，却是木讷的、冷漠的、沉默的、阴暗的、闭锁的、自我的、刻薄的、极端的，那么他们的人生就将是灰暗的，我们国家、民族和社会的未来就将是没有希望的，也可以说大学思想政治教育是无效乃至失败的。所以，一方面，要高度关注并认真研究今天凸显的群体心理、分众特征和个性化趋势，努力使科学的理论真正走入人们的生活世界，以平等交流的意识与受众构筑“共生效应”；另一方面，要高度关注并认真研究今天受众的内在需求、情感取向和兴趣趋势，通过对受众需求驱动、情感调动和角色互动的针对性满足，实现有亲和力的传播。[①]

最后，要全员培训。小班讨论需要配备指导教师进行点评和解答问题。现在指导教师的构成主要是理论课教师、辅导员、关工委老同志，他们在能力方面是参差不齐的。应该拿出一定的时间、精力和经费召开专门的培训会、研讨会、座谈会、经验交流会，进行全员培训，并且应当反复培训，特别是对第一次参加的人员更应当进行有针对性的培训。高校要高度重视马克思主义职业传播者的素养，使传播者能够从不同受众群体、不同传播渠道的特殊性及现实生活出发，将理论进行通俗但不庸俗、深刻但不费解、客观但不疏离、方法灵活多样的话语表达和内容呈现，引领大众洞察世事时情，实现有感召力的传播。高校还要高度关注并认真研究当下各媒介的发展态势和创新形式，通过加强与提升视觉传播渠道的主流建构、网络传播渠道的主流建构和环境传播渠道的主流建构，实现有吸引力的传播。[②]

总之，“大班授课—小班讨论—大班交流”模式综合运用了多种理论，既坚持了传统的灌输理论，又突破了灌输理论的单一理论维度，体现了很强的理论包容性，是教学模式包容性发展的新探索。它拉近了课堂舞台与社会大舞台的距离，符合学生思想成长和能力提高的需要，应当不断深化对该模式规律性的认识和把握，形成长效机制。

---

① 首都经济贸易大学、北京林业大学联合调研组：《真理，如何离大众更近些——关于当前马克思主义大众化传播问题的调查思考》，《光明日报》2011 年 2 月 2 日，第 15 版。

② 首都经济贸易大学、北京林业大学联合调研组：《真理，如何离大众更近些——关于当前马克思主义大众化传播问题的调查思考》，《光明日报》2011 年 2 月 2 日，第 15 版。

# 高校研究生思想政治教育工作探论*

孙　苓　徐成芳

【摘　要】高校研究生思想政治教育是高校思想政治教育的重要组成部分，是高校立德树人的根本保证，是实现研究生全面发展的现实需要，是培养又红又专的社会主义高端人才的有效保障。随着时代的变迁、高等教育的发展和研究生数量的急剧增加，研究生思想政治教育面临着新挑战，本文从“因事而化、因时而进、因势而新”三个维度探索研究生思想政治教育工作，以期推动高校思想政治教育创新发展。

【关键词】研究生　思想政治教育工作　探论

习近平在全国高校思想政治工作会议上强调：“做好高校思想政治工作，要因事而化、因时而进、因势而新。”[①]高校研究生是我国高等教育培养的拔尖人才，研究生教育处于我国高等教育人才培养的最高层次，研究生的思想政治教育是高校意识形态教育的重要内容，是高校落实“立德树人”根本任务的保障，是实现人才培养全面发展的重要渠道。2017 年是高校思想政治工作的“标准年、质量年、基础年”[②]。做好研究生思想政治教育工作，是落实高校思想政治教育工作标准、提升高校思想政治工作质量、夯实高校思想政治工作基础的重要环节。

---

* 本文系 2017 年国家社会科学基金一般项目“中国共产党长期执政条件下意识形态建设规律研究”（项目编号：17BDJ008）、2016 年辽宁省社会科学规划基金一般项目（思政专项）“大学生网络同辈群体意见领袖培育研究”（项目编号：L16BSZ034）的研究成果。

① 习近平：《习近平在全国高校思想政治工作会议上强调：把思想政治工作贯穿教育教学全过程 开创我国高等教育事业发展新局面》，《人民日报》2016 年 12 月 9 日，第 1 版。

② 陈宝生：《切实推动高校思想政治工作创新发展——深入学习贯彻习近平总书记教育工作重要讲话精神》，《光明日报》2017 年 8 月 4 日，第 11 版。

## 一、因事而化：精准研判研究生思想政治教育新脉搏

进入 21 世纪以来，全国范围内的研究生招生规模急剧扩大，据统计，2000年我国研究生在学人数为 30.12 万人，2008 年增加到 128.3 万人，2015 年研究生在学人数为 191.1 万人①，到 2020 年，预计达到 200 万人。②研究生数量急剧增加，研究生思想政治教育的现状却不容乐观，中央巡视组对高校进行的巡视发现，高校研究生思想政治教育已经成为高校思想政治教育工作中最薄弱的环节，高校重视研究生的学术培养，但严重忽视了研究生的思想政治教育工作，因此必须对研究生思想政治教育工作进行改进和加强。

### 1. 急需高度重视研究生思想政治教育

习近平在全国高校思想政治工作会议上强调:“高校思想政治工作关系高校培养什么样的人、如何培养人以及为谁培养人这个根本问题。”③研究生教育作为高等教育的重要组成部分，担负着培养高级专门人才和社会主义建设事业的接班人的历史使命。我国从 1950 年开始招收研究生，经历了中华人民共和国成立初期的动荡、“文化大革命”的重创和改革开放 40 多年的发展，中国社会已经发生了翻天覆地的变化，高校研究生教育也发生了一系列的变化。近年来，一些高校和研究生导师，过度重视研究生的科研和学术能力的培养，而忽视了研究生思想政治教育方面的工作，致使研究生重“器”轻“道”，忘记了“为谁培养人”的价值初衷。研究生思想政治教育工作，直接关系到研究生的政治素质，直接关系到国家高端人才的“政治品质”，直接关系到党和国家的发展。所以，必须加强研究生的思想政治教育，只有这样才能确保高端人才的培养方向。

### 2. 急需加强和完善导师制下的研究生思想政治教育

导师是研究生培养第一责任人，承担着对研究生思想教育和学术指导的双重重任。1987 年，中华人民共和国成立后颁布的关于研究生导师思想政治教育的第一个文件，即《关于加强研究生思想政治工作的几点意见》（[87]教党字 084 号）指出，研究生思想政治工作“要充分发挥研究生导师教书育人的作用”。2000 年颁发的《教育部关于加强和改进研究生德育工作的若干意见》（教社政〔2000〕3

---

① 国家统计局:《2015 年国民经济和社会发展统计公报》,2016 年 2 月 29 日，http://www.gov.cn/xinwen/2016-02/29/content_5047274.htm。

② 人民出版社编：《国家中长期教育改革和发展规划纲要（2010—2020 年）》，人民出版社 2010 年版，第 168 页。

③ 习近平：《习近平在全国高校思想政治工作会议上强调：把思想政治工作贯穿教育教学全过程 开创我国高等教育事业发展新局面》，《人民日报》2016 年 12 月 9 日，第 1 版。

号）指出："研究生导师对研究生为学、为人都产生着重要影响，是研究生德育工作的重要力量。"2010年，《教育部关于进一步加强和改进研究生思想政治教育的若干意见》（教思政〔2010〕11 号）明确指出，要"充分发挥导师在研究生思想政治教育中首要责任人的作用"。国家历来重视研究生导师在研究生培养中的重要作用，研究生导师在研究生思想政治教育中发挥着重要的作用，客观上导师的思想观念、治学态度和道德人品等对研究生具有必然的耳濡目染、潜移默化的间接影响，且影响巨大[①]。但是，我们也必须客观看到，由于研究生数量的不断增加，导师自身的科研压力、教学压力、职称压力等客观因素，导师在研究生思想政治教育方面出现了"心有余而力不足"的局面。一方面，有些导师指导研究生多达20～30人甚至更多，分身乏术。导师对研究生的思想政治教育，仅仅能够满足几个主动寻求帮助的学生，其他学生基本是处于"自由生长"的状态，有的研究生从入学到毕业，与导师见面的机会屈指可数，思想政治教育就更无从谈起了。另外，在市场经济的大背景下，许多导师扮演起"老板"的角色，研究生则扮演导师的项目助手、论文助手、后勤助手等多种角色，"老板"关心的是项目的进展、论文的进展和其他事项，学生的思想需求、精神追求往往容易被忽视。导师重"项目"轻"思想教育"，是现今导师制条件下思想政治教育存在的主要问题，导师不能够全面、及时、有效地对研究生开展思想政治教育。

**3. 急需突出研究生思想政治教育工作的"特殊性"**

研究生思想政治教育是高校思想政治教育的组成部分，既具有高校学生普通思想政治教育的一般性特点，也具有研究生思想政治教育的自身特点。高校硕士研究生主要来自应届本科生，年龄大多处在22～24周岁的青年时期（博士研究生一般为25～35周岁），按照埃里克森人格发展八阶段理论，他们处于人格发展定型期、心理趋向成熟的特殊阶段。[②]研究生在学习期间，面临着自身发展的各种问题，这些问题与本科阶段相比，更为现实、复杂。一些教育者认为，经过四年的高等教育，研究生已经掌握高等教育的基本程序，不再需要关注研究生思想政治教育问题，也不需要大力投入，研究生可以顺承本科的方法"自学成才"。然而，很多教育者却忽视了研究生思想政治教育从属导师的"纵向管理"，不同于本科思想政治教育专职辅导员的"横向管理"，研究生思想政治教育的方式、方法和模式都不尽相同。另外，研究生和本科教育处于不同的层次、水平，研究生面临的问题与本科阶段相比截然不同，研究生在注重学术研究的同时，自身的道德、心理、

---

① 陈祎鸿：《论导师在研究生培养中的作用》，《学位与研究生教育》2009 年第 12 期，第 24 页。

② 刘晶：《埃里克森的人格发展渐成理论及其德育启示》，《现代教育科学》2009 年第 2 期，第 66 页。

综合素质等各方面都具有特殊性。研究生思想政治教育必须遵循研究生思想政治教育工作的特殊性、研究生培养的特殊性和研究生自身的特殊性，寻求与之相适应的方法、模式、路径，全面开展研究生思想政治教育工作。

## 二、因时而进：精心构建研究生思想政治教育新蓝图

研究生思想政治教育工作虽然取得了一些成绩，但面临的新问题和新挑战依然十分严峻，必须客观地分析研究生思想政治教育中存在的不足，加强和改进研究生思想政治教育，构建研究生思想政治教育新蓝图。

（1）完善高校研究生思想政治教育“顶层设计”，切实健全完善研究生思想政治教育的领导体制与工作机制。一是根据《教育部关于进一步加强和改进研究生思想政治教育的若干意见》等文件精神，高校党委从学校层面，制订适合高校自身发展的研究生思想政治教育实施方案，制度先行，使研究生思想政治教育成为高校思想政治教育的一项重要工作，这也是高校落实全面从严治党、完善高校思想政治教育“顶层设计”的重要步骤。同时，建立研究生思想教育专门管理机构，统筹研究生的思想政治教育工作，制定研究生工作细则，选拔研究生专职辅导员从事研究生思想政治教育。二是高校二级单位，指派一名二级单位领导，专门负责研究生思想政治教育工作。三是在二级单位设置研究生思想政治教育工作室，专门负责研究生思想政治教育工作。由此，形成从学校（专门管理机构）—二级单位—工作室三层纵向工作体系，建立和完善研究生思想政治教育工作体制。

（2）切实加强研究生思想政治教育工作队伍建设。研究生思想政治教育不是几个人、几个教师就可以独立完成的，需要导师、辅导员、思想政治理论课教师、教务秘书、后勤服务等全员参与，实现全员育人、全程育人、全方位育人。导师是研究生思想政治教育的第一责任人，华中师范大学的调查显示，研究生导师在思想政治教育影响力方面所占比重为33.8%[①]，是影响研究生思想政治教育成效的第一因素。随着研究生数量的急剧增加和导师个人业务压力的增大，导师在研究生思想政治教育方面的影响力相对减弱，单凭导师一己之力，很难及时有效地全面做好研究生思想政治教育，在逐步完善导师制度的同时，必须及时加强其他思想政治教育队伍的建设。辅导员是从事思想政治教育的专职人员，目前高校研究生辅导员的工作存在的问题如下：一方面，大多数辅导员是兼职辅导员，很难起到应有的作用；另一方面，辅导员工作不够细致和不够深入。一些专职辅导员受

---

① 李家文、魏寅：《我国硕士研究生思想政治教育方式的完善——基于对华中师范大学的调查》，《社会主义研究》2016年第3期，第132页。

专业、年龄等方面的影响，无法较好地把握研究生思想政治教育的规律，只是为了简单的管理而开展思想政治教育工作，没有把思想政治教育工作扎实推进，且工作浮于表面，研究生得不到及时的指导和帮助，思想政治教育流于形式几乎成为常态。所以，加强研究生思想政治教育工作，首先要规范和加强专职研究生辅导员队伍建设，只有这样才能使研究生思想政治教育更加具有针对性和有效性。思想政治理论课是高校思想政治教育的主渠道和主阵地，是研究生深入学习马克思主义理论和党的路线方针政策的最主要渠道。发挥思想政治理论课教师的思想政治教育功能，主要是从课程上下功夫，紧跟时代潮流，不断提升自身学术造诣和理论水平，研究教学内容和教学方法，使研究生能够及时掌握党和国家的大政方针，使研究生能够较好地满足社会主义事业建设的需要。教务秘书和后勤服务人员是研究生培养的服务人员，服务中应体现育人功能。教务秘书和后勤服务人员对研究生思想政治教育也有一定的作用，如在研究生吃住安全、学业统计等方面，是研究生思想政治教育的必要方面。

（3）加大对研究生思想政治教育的支持力度。一是加大对研究生思想政治教育的科研投入，设置相关专项经费，鼓励教师进行研究生思想政治教育理论研究。组建科研团队，深入研究研究生思想政治教育相关理论。二是加大对研究生专职思想政治教育工作者的相关培训投入，使专职人员具备专业的思想政治教育能力和水平。三是积极推进对外调研、考察、交流，学习国内高校先进的思想政治教育工作先进理念和方法，同时选派优秀的专职思想政治教育工作者出国学习、考察、交流，使研究生思想政治教育工作博采众长、内外兼顾。

（4）不断创新研究生思想政治教育工作的考核方式。党和国家历来重视研究生思想政治教育工作，先后出台了一系列文件和规章制度，目前研究生思想政治教育工作收效甚微，究其主要原因在于：一方面，随着研究生数量的增加和面临着外部意识形态形势的严峻挑战，研究生思想政治教育工作创新不足，无法及时满足研究生思想政治的要求；另一方面，研究生思想政治教育工作缺乏相应的考核制度，研究生思想政治教育工作没有成为考核高校、导师工作的重要指标，研究生思想政治教育工作处于可重可轻的尴尬境地，尚未将国家政策落实到位。由此，必须在研究生思想政治教育工作考核工作上下大功夫，只有这样才能让研究生思想政治教育工作出效果、出成果。首先，党和国家应尽快出台研究生思想政治教育考核标准，将研究生思想政治教育考核科学化、标准化、规范化，使研究生思想政治教育工作成为衡量高校“双一流”建设的重要指标之一，引起高校的高度重视。其次，各高校应根据国家的考核标准，结合自身的实际情况和特点，因地制宜地制定本校的研究生思想政治教育考核办法，同时考核办法要做到奖惩结合，其中包括翔实的考核指标和考核方式，将师德建设、研究生学术诚信作为研究生思想政治教育工作考核的根本，形成一套量化考核的客观标准，使研究生思想政治教育工作考核有“考”可循、有“考”必行、有“考”必实。

## 三、因势而新：精进探索研究生思想政治教育新路径

研究生思想政治教育既不是一蹴而就的，也不是一成不变的，而是随着社会的发展、教育的变化、学生自身的变化而不断变化的。国外的道德教育不但要求教育者直接而理智地传授社会的思想政治道德准则，而且还特别注意营造好的教育环境，使受教育者在潜移默化当中认同其所接受的教育。[①]研究生思想政治教育要润物细无声，从“心”出发，眼、耳、鼻、手、“感官”齐用；从政治引领到时间、空间、理论与实践、多数教育、少数重点关注“纵横”交错，使学生真切地感受到思想政治教育无处不在、无时不在。

（1）党支部建设印“心”头。“火车跑得快，全靠车头带”，一个党支部就是一个战斗堡垒，一个党员就是一面旗帜。在研究生思想政治教育中，党支部建设尤为重要。思想政治素质是研究生的第一素质，是关乎研究生培养方向的首要素质。让研究生心中有党、心中有支部，感受到党的教导和支部的关怀，需要支部在研究生思想政治教育中发挥引领的模范作用。以大连理工大学为例，在研究生教育中推行“苗子工程”，即重点加强、创新研究生党支部建设，尝试由导师或者辅导员担任研究生党支部书记，由研究生担任支部副书记。另外，加强研究生党支部党内政治生活训练，加强研究生党支部规范化、程序化、严肃化管理。研究生党支部是研究生进行政治洗礼的严肃地方，是学习党的先进理论的地方，是提高思想政治素养的地方，不是简单的入党“介绍所”，更不是形式主义的场所。研究生党支部是研究生思想政治教育的核心，是保证研究生又红又专的政治堡垒，既具有先锋模范作用，又具有强大的引领作用。只有心中有支部，才能一心跟党走，才能安心做学问，才能全心全意为社会主义现代化服务，因此党支部建设至关重要。

（2）网络教育占“眼”里。网络是一把双刃剑，一方面网络把一些不利于思想政治教育的不良思潮和思想传递给研究生，这给思想政治教育工作带来挑战；另一方面，如果积极利用好网络，网络便可成为研究生思想政治教育的利刃。由于研究生课程分散，学术交流、出差等任务较多，网络就成为联络研究生的重要的、必不可少的手段。当下，研究生生活几乎是无处不网、无时不网，在对新媒体的价值性评判方面，60%的研究生赞成新媒体成为研究生了解世界的主要媒介形态。[②]

---

① 苏振芳：《当代国外思想政治教育比较》，社会科学文献出版社 2009 年版，第 33 页。

② 范涛、梁传杰、李志强：《论新媒体视阈下五维度研究生思想政治教育模式之构建》，《研究生教育研究》2015 年第 6 期，第 52 页。

研究生对 QQ、微信、微博关注非常频繁，研究生不同于本科生，有个人研究专业领域和个人的分析能力，有的研究生甚至完全有能力成为舆论的网络领袖，成为舆论导向的一面“大旗”。思想政治教育工作者必须区分不同专业、不同特点的研究生，精准研判不同类型学生重点关注的网络内容，以便精准推送学生高度关注的内容和相关思想政治教育的评论，使研究生既能够通过正规网络途径了解信息，也能够及时掌握信息的相应评价和舆论导向。网络思想政治教育，就是利用网络，第一时间吸引学生的“眼睛”，才能进一步入脑，让学生的“眼”中充满正能量。

（3）“出入”教育置“耳”中。研究生阶段，是学生一个崭新的学习阶段，“好的开始是成功的一半”，入学之初，思想政治教育主要集中进行“适应教育”，以帮助学生尽快适应研究生的生活环境、学习模式、人际交往等，使学生顺利完成从本科到硕士研究生、从硕士研究生到博士研究生的身份转变。另外，过程教育同样重要，我们在调查中发现，导师对研究生在学习的中间时期（如硕士二年级）关注度降低，既不用关注入学适应，也不用关注毕业学业和就业压力。然而，这一时期研究生自身会产生学业困惑、情感困难、就业迷茫等方面的问题，同样需要导师进行及时的指导。最后，毕业是检验学生学习生涯的最好时机，也是考验学生的关键时刻。毕业教育、感恩教育在研究生思想政治教育中，尚属空白。研究生面临毕业，心理会承受巨大压力和充满迷茫，导师、辅导员要在毕业季进行及时有效的指导，既要有学业、就业方面的指导，更要有感恩学校、感恩师长和感恩父母的感恩教育，教育学生饮水思源，不忘母校，充满信心地步入社会。时时得到教师的“耳提”，使学生在不同的求学阶段，得到不同的指导和关怀，最终顺利完成学业。

（4）同辈影响握“手”中。“授之以鱼，不如授之以渔。”研究生教育阶段，研究生主要是提升自我管理、自我教育、自我服务的能力。研究生除了受到教师的教育之外，受学生会、同学、同门、老乡会等同辈群体的影响也较大，这些求学时期的同辈群体，对研究生的政治方向、就业、情感、人际关系等方面都有一定程度的影响，有的学生甚至完全“复制”同辈群体中成功“偶像”的求学之路。当研究生遇到困难时，除了个别学生能够主动找老师寻求帮助，绝大多数学生更愿意寻找同学或身边的好朋友来帮忙解决困难。同辈群体对研究生的帮助非常直接、有效，主要涉及的内容集中在学业、情感等方面。需要注意的是，同辈群体对研究生的影响也是利弊参半。一方面，同学之间感情较好，年龄相仿，经历相似，能够给予一些及时有效的建议；另一方面，同辈群体的影响也有局限性，大家都是学生身份，给予的建议或者意见，都是从学生的角度思考问题。教育者可以培养较为突出的研究生学生干部、党员、专业成绩优秀的学生，来帮助有困难的研究生，用同辈教育同辈，教师培育优秀的学生，再让优秀的学生影响其他学生，从而达到“三自”的目的。同时，教育者应该积极投入学生管理中，特别是青年教师，凭借年龄优势可快速融入学生中间，得到学生的认可和信任，使学生遇到困难的时候，第一时间找到的人是教师，这样有利于教师积极开展思想政治教育。

（5）心理疏导悬“鼻”尖。“学生无小事，事事皆教育。”准确掌握研究生心理动态，是教育者必须具备的能力。近年来，研究生自杀现象引起社会关注，研究生面临着经济压力、就业压力、人际关系压力、情感压力等问题，如果无法及时得到有效的缓解，可能导致悲剧的发生。究其原因，一方面是受传统教育观念的影响，认为本科生由于从中学到大学，需要心理的转变和压力较大，而研究生基本不存在这样的问题；另一方面，随着近年来研究生不断扩招，但缺乏与之相配套的心理筛查和治疗体制，致使研究生心理健康教育几乎处于空白状态。教育者要关注研究生的心理问题，首先是进行入学筛查，用科学的方法进行辨别，对有心理问题倾向的学生要重点关注。其次，学生日常生活发生重大变故时，如家庭变故、情感变故、学业严重障碍等，第一时间和学生交流，掌握学生的心理变化，防止学生倾诉、寻求帮助的需求得不到及时满足。最后，对于个别特殊学生，要及时和家长沟通，得到较为全面的学生心理问题的信息和原因，以便能够较好地解决学生的心理问题。研究生的心理问题不同于本科生，大多数问题掺杂着社会因素，主要有家庭纠纷（已婚研究生较多）、情感问题、就业质量、人际关系等，并非单纯的学业问题，如果处理不及时，很容易引起悲剧性的后果，所以必须及时地进行解决，防止出现意外情况。

# 关于民办高校校园文化建设的思考

孙　苓　徐成芳

**【摘　要】**校园文化对民办高校的发展具有极其重要的作用，直接关系到民办高校的办学质量和可持续发展。因此，必须不断加强国内外交流，构建有效的建设机制，逐步形成校园文化建设的评价指标体系和考核体系，开创民办高校校园文化建设新局面。

**【关键词】**民办高校　校园文化　建设

中国共产党第十七届中央委员会第六次全体会议审议通过了《中共中央关于深化文化体制改革 推动社会主义文化大发展大繁荣若干重大问题的决定》，这是当前和今后一个时期指导我国文化发展的纲领性文件，进一步掀起了社会文化建设的新高潮。校园文化建设不仅对普通高校建设意义重大，对民办高校建设也具有重要意义。

## 一、深刻认识民办高校校园文化建设的重要性，积极促进校园文化建设

民办高校自20世纪80年代出现以来，已经成为中国高等教育的重要力量，截止到2011年5月23日，我国民办高校共386所，占全国普通高校总数的18.72%。在校学生超过400万人，占全国普通高校本、专科在校生总数的20%以上。民办高校的毕业生，大多数是现实可用的人才，具有较好的就业前景和发展机会。《中华人民共和国民办教育促进法》明确指出，民办教育事业“是社会主义教育事业的组成部分”，加强民办高校校园文化建设既是对社会文化的弘扬和发展，也是推进高等教育发展的题中之义。民办高校与有着数十年甚至数百年历史的公办高校

相比，校园文化建设方面存在一些不足。民办高校要保证自身健康可持续的发展，必须要加强校园文化建设，夯实文化建设的根基。

关于校园文化的科学内涵，有许多不同的提法。根据文献检索分析，“校园文化”的概念是1986年4月在上海交通大学举行的第12届学代会上正式提出来的。其基本含义是：学校内部形成的能为全体成员认可的价值观念、行为准则和思想作风的总和，它是学校可持续发展不可缺少的重要组成部分。具体而言，校园文化可以分为校园精神文化、校园物质文化、校园制度文化、校园管理文化、校园体育文化、校园社团文化等；同时，是校风、学风、教风、管风、考风等的综合体现，具有强大的内在约束力和激励作用。校园文化反映了一所高校的精神风貌和价值追求。

总之，校园文化是社会文化的重要组成部分，源于社会文化而又高于社会文化，始终体现着社会主义精神文明与中国先进文化的前进方向，对整个社会文化的发展应起到引领的作用。民办高校办出独具特色的校园文化，有利于其提高人才培养的素质，有利于促进学校的可持续发展，有利于提升学校的办学质量。

## 二、准确把握和分析民办高校校园文化建设的薄弱环节，是巩固民办高校校园文化建设的重要前提

经过多年的发展，民办高校对中国的教育事业的发展发挥着越来越重要的作用，拥有自己独有的特色和实力，成为我国高等教育的一支强有力的生力军。但在校园文化建设方面，民办高校仍然存在薄弱环节，需要进一步发展和完善。

### （一）校园文化建设的意识形态主题性不明显

当前，随着改革开放的不断深化和发展，我国社会的经济、政治、文化发展迅速，东西方文化交流不断加深，意识形态领域的分歧和影响也时有加强。在政治多极化、经济全球化的世界格局下，我们的高等教育面临着文化差异的冲击，这给我们的校园文化建设带来了挑战。

民办高校由于建校时间短、发展比较快，还没有形成成熟的校园文化。一些学校对校园文化建设的重要性、必要性、紧迫性认识不够，在一些领域存在道德失范、诚信缺失等问题。社会文化的复杂性和多元性，对民办高校校园文化建设产生了一些不良影响，使得一部分民办高校校园文化没有发挥积极的、有效的推动作用。

校园文化建设关系到民办高校的自身发展，关系到高等教育的整体繁荣，更

关系到国家的人才培养和人才强国战略的实施。而在引领校园文化建设中，马克思主义的先进思想、中国特色社会主义先进文化、社会主义核心价值体系等先进的思想理论，没有凸显出其明显的意识形态主题性，使得这些思想和理论没有真正地用来武装头脑，塑造政治合格的社会主义接班人，而大多数仅仅是流于形式。因此，民办高校校园文化建设的意识形态主题性不明显，是亟待解决的首要问题。

### （二）校园文化建设的主体缺失

民办高校的办学体制决定了其办学理念，绝大多数学校为了追求经济利益，没有把精力和财力真正投入校园文化建设中，特别是一些民办高校的领导，对校园文化建设没有给予足够的重视，对校园文化建设缺少支持和鼓励，注重经济利益而忽视了社会效益。

在校园文化建设中，教师也是重要主体，但民办高校的一些教师仅仅把民办高校当作暂时的工作地点、锻炼教学能力的场所，一旦找到更合适的工作岗位或者教学能力达到一定的水平以后，就会辞去民办高校的工作，教师流动性较大。同时，一些教师较为缺乏校园主人翁精神和必要的责任感，在具体的校园文化建设中，未能发挥积极的主导作用。

学生既是校园文化建设的最大受益者，又是校园文化建设的建设者和重要力量，发挥着不可替代的作用。但是，民办高校的学生存在学习成绩较差、刻苦学习的精神较弱、自我控制力相对较差等问题，这就使学风建设存在一定的难度和挑战，更不利于形成良好的校园文化。

### （三）校园文化建设的内在统一性缺乏

马克思主义哲学告诉我们，社会存在决定社会意识，社会意识是社会存在的反映，并反作用于社会存在。校园文化是由校园的物质条件所决定的，反映校园的物质条件并反作用于校园物质条件。良好的校园文化将对学校建设起到积极的促进作用，反之，则会阻碍学校的建设和发展。

民办高校与公办高校相比，起步时间较晚，但发展比较迅速，目前已经取得了一些可喜的成绩，特别是在办学的物质建设方面，甚至比公办学校发展得还要快。大多数新建民办高校的校舍建设、校园设施、教学设备，都比较先进。但在校园文化建设上，没有形成系统的精神力量和校园氛围，校园精神还处于塑造阶段。另外，一些民办高校机制不完善，对教师和学生的基本权益无法保障。在物质条件迅速发展的同时，校园文化建设仍处于起步阶段，没有起到积极的促进作用，物质条件和校园文化建设发展速度不平衡。

### （四）校园文化建设的创新力欠缺

民办高校是在我国市场经济和高等教育大发展的背景下产生的，它的办学以市场需求为导向。在“获利”因素的影响下，一些民办高校决策者对校园文化建设并没有给予足够的重视，校园文化建设的成果不明显。特别是在校园文化建设的创新方面，不能紧跟时代的步伐，更不能积极向国内外先进高校学习，校园文化建设的传统性和封闭性较强，难以形成具有较强影响力和凝聚力的校园文化。

## 三、积极推进民办高校校园文化建设，繁荣民办高校校园文化

民办高校在校园文化建设上尽管存在一些不足，但校园文化建设的发展势头良好，仍然是大学文化建设的重要力量，如何继续发挥民办高校校园文化的积极作用、提高人才培养质量，是民办高校需要解决的现实问题。

### （一）始终坚持以社会主义核心价值体系为指导思想

民办高校的校园文化建设，必须加强意识形态性教育，增强政治性和先进性，这是民办高校校园文化建设的基础和核心。

马克思主义是科学真理，揭示了社会发展的规律，是校园文化建设唯一正确的指南。用马克思主义基本原理正确分析世情、国情和党情，紧密结合民办高校的实际情况、学校特征、师生愿望，用发展着的马克思主义指导民办高校校园文化建设。深入学习党的基本理论、基本路线、基本纲领、基本经验，学习马克思主义经典著作，系统掌握马克思主义立场、观点和方法。在重大思想理论问题上，从理论和实践结合上作出有说服力的回答，深入开展形势政策教育、国情教育、革命传统教育、改革开放教育、国防教育，组织学习中国近现代史特别是党领导人民进行革命、建设、改革的历史，坚定民办高校对中国特色社会主义的信心和信念。

例如，黄河科技学院将“学生形象”归纳为“四有”，即有理想、有道德、有文化、有纪律，这与社会主义文化建设的根本任务相一致，是该校“坚定正确的政治方向”的直接体现，取得了良好效果。再如，仰恩大学实行现代化知识教育和爱国主义教育相结合的办学原则，先后获得“中国侨联爱国主义教育基地”和“福建省教育系统爱国主义教育基地”的光荣称号，并于2006年6月被中共福建省委授予“福建省党建和思想政治工作先进学校”称号。

### （二）不断增强校园文化建设主体引导力

校园文化建设是一个系统工程，不是一个部门或一个时期可以迅速完成的。民办高校要建设校园文化，首先要将学校的规范制度建立起来，为教师和学生提供良好的制度保障，促成良好校园文化的形成。

教师在高校校园文化建设中处于主导地位，教师应不断增强主人翁责任感，成为校园精神的主要培育者和传播者；弘扬中华优秀传统文化、借鉴先进的外来文化、创造时代的新型文化，成为校园文化朝着正确方向发展的引导者；对学生言传身教，为人师表，成为学生健康成长的指导者和引路人。

学生是高校校园文化建设的一支重要力量，是校园文化建设的参与主体。校园精神的弘扬，校园文化环境的建设，校园制度文化的执行、校园文化活动的开展都需要学生的积极参与。加强校园文化建设，主要目的是满足学生的精神文化需求。当代大学生思维活跃，富于想象，勇于创新，要鼓励和支持他们用自己的聪明才智不断推进校园文化内容和形式的创新，成为繁荣校园文化的生力军。例如，辽宁对外经贸学院开展的校园文化活动丰富多彩，为上万名学子提供了展示自我的舞台、提升自我的平台和超越自我的广阔空间。以“人人有才、人无全才、扬长避短、皆能成才”为指导思想，打造了校园文化艺术节、社团文化节、社会实践工程、人文素质工程等一系列精品活动和精品工程，取得了良好的效果。

### （三）不断完善校园文化的机制建设

制度体系建立后，还必须强化相应的责任制及监督约束机制，运用各种机制，严格执行制度，对制度的执行情况要定期检查，使校园制度文化既有其名又有其实。

首先是管理机制，校园文化建设必须由党委统一领导，形成党政齐抓共管，以及宣传部、学生处、团委、党支部、工会等多部门协调组织、分工负责的工作格局和工作机制。其次是激励机制，民办高校应设置扶持基金，专门用于扶持校园文化建设项目，激励产生更优质更多的校园文化产品，以评优表彰等方式，对优秀的校园文化建设成果加以支持和鼓励。最后是统筹协调机制，协调实体文化建设和虚拟文化建设之间的关系。用先进的实体文化引领虚拟文化，积极利用虚拟文化为民办高校的校园文化建设服务，利用网络媒介，加大文化建设的深度和广度。

### （四）不断开创民办高校校园文化建设的新局面

新时期新形势，既给民办高校的校园文化建设带来了新的机遇，也带来了新的挑战。我们必须清醒地认识到，校园文化建设是一个动态的、全面的、系统性工程。在实践中，没有一成不变的制度和方法可以一直适用，这就要求我们必须以发展的眼光和创新的视角来对待民办高校校园文化建设。

首先，积极学习国内外先进经验。世界高等教育发展规律表明，特色鲜明的校园文化是一流大学办学质量和水平的体现，是大学进入成熟发展期的标志。民办高校应该积极学习一流高校的成功经验，公办高等学校办学时间长，已经形成相对成熟的校园文化，对这些学校的成功经验加以借鉴，要结合民办高校自身的特点，有选择性地学习，促进自身的校园文化建设。除了向国内高校学习以外，民办高校应当积极“走出去”，学习国外高校的校园文化建设经验。

其次，积极探索将先进的科学技术和校园文化产品创造相结合的途径。走一条科技文化建设的道路，并根据民办高校自身的特点，打造具有本学校特色的校园文化产品。同时，加强民办高校与企业的合作，将企业的管理理念和高效理念引入民办高校的校园文化，形成良好的竞争机制和文化共享机制，进一步推进民办高校校园文化建设。

最后，创建民办高校校园文化建设评价指标体系和考核体系。文化建设需要一定的衡量标准，对于民办高校的校园文化建设而言，需要有相应的评价体系和考核指标，只有这样才能促进校园文化建设的持续发展和良性循环，为民办高校自身的发展创造有利条件。

综上所述，民办高校校园文化的形成和发展不是一蹴而就的，而是在长期的办学实践中经过不断的积淀、融合、自身的努力和外部环境的影响而逐步形成的。校园文化建设任重而道远，需要锐意创新不断进取，形成具有自身特色和竞争力的校园文化，促进民办高校的可持续发展。

# 大学生手机依赖症的心理原因及防治对策

顾　林　徐成芳

【摘　要】近年来，出现了一种由于对手机过分依赖而形成的现代心理疾病——手机依赖症，给大学生的身心健康和学习生活带来了很大危害。手机依赖症的形成原因错综复杂，其中内因是大学生的心理因素，主要包括从众心理、心理诉求、特殊的人格特质和不稳定的情绪四个方面。因此，学校、教师、学生自身三方面要形成合力，使大学生克服手机依赖心理，养成良好的意志品质，从而实现身心健康发展。

【关键词】手机依赖症　大学生　心理

信息化时代，手机凭借其小巧、便携、无线移动等特点和拥有不断完善的上网、阅读、音乐、游戏等功能，日益成为大学生日常生活中至关重要的通信与娱乐工具。近年来，大学生对手机的依赖程度逐年攀升，研究显示我国大学生手机依赖率为 17.0%[①]～26.1%[②]，一些大学生患上了被心理专家定义为“手机依赖症”的心理疾病，并且已经影响到大学生的身心健康和学习生活，急需研究相应的解决对策。

## 一、大学生手机依赖症的危害

手机依赖症，又称“手机依赖综合征、手机综合征、手机焦虑症、手机瘾”，

① 邹云飞、邹云青、姚应水：《某高校大学生手机使用与手机依赖症的横断面调查》，《皖南医学院学报》2011 年第 1 期，第 30 页。

② 黄时华、余丹：《广州大学生手机使用与依赖的现状调查》，《卫生软科学》2010 年第 3 期，第 24 页。

“是指个体因为使用手机行为失控，导致其生理、心理和社会功能明显受损的痴迷状态”[①]。北京安定医院精神科郑毅主任认为：“手机依赖综合征表现为对手机过分依赖”[②]。

目前，上述症状在大学生群体中有多种体现，对广州市 8 所高校的 600 名在校大学生的调查中发现，“有 43.3%的学生曾因为发过多短信导致手指酸软不灵活，有 35.8%的学生曾因为打太久电话导致耳朵嗡嗡作响，有 41.4%的学生曾因为手机而影响睡眠，有 23.5%的学生曾因为使用手机导致头晕头痛”[③]。

从调查结果可以看出，过分依赖手机，给大学生的身心健康和学习生活带来了严重危害。第一，心理危害。大学生过分使用电话和短信等方式交流，导致人际交往能力弱化，不知如何面对面地与他人沟通交流，甚至出现了社交恐惧症等心理障碍疾病。过度依赖手机上网、手机电子书、手机词典等渠道获取信息和知识，导致大学生缺乏主动思考和积极探索的精神，阻碍了他们独立思考和解决问题能力的提高。第二，生理危害。长时间使用手机，手机电磁波及躯体固定、机械、重复的活动，会引起身体不同部位的不适。长期依赖手机，心理过分焦虑紧张，则导致出现手脚发麻、头晕、心悸、出汗等不适症状。第三，学业危害。对手机过分依赖，电话、短信不断，使大学生的整块学习时间碎片化，注意力难以集中，学习效率降低，学习成绩大幅下滑。

## 二、大学生手机依赖症的心理原因分析

第一，从众心理的影响。从众心理是指个人在受到他人或社会群体的一致性影响或压力时，认知或行为服从公众舆论或群体大多数人，甚至出现违背自己意愿的现象，即通常所说的“随大流”。大学生生活在校园中，与同龄人朝夕相处，群体内部具有较强的同一性和吸引力，再加上大学生年龄段的特点，个体独立性较差、自制力弱，对群体有较强的依赖性和归属感。因此，在高等院校，大学生的从众现象比较普遍。“别人有，我也要有”和“别人玩，我也要玩”的心理，导致一些大学生购买和使用手机的初衷并不一定是自己真的需要，而是看到同学都买了、都在用，便认为自己也有这种“需要”，自己也购买并使用手机，这样才能和大多数同学保持一致。

第二，心理诉求的需要。一方面，使用手机满足当代大学生的社交需求。在

---

① 师建国：《手机依赖综合征》，《临床精神医学杂志》2009 年第 2 期，第 138 页。

② 王纯：《关注手机依赖综合征》，《健康时报》2005 年 1 月 27 日。

③ 黄时华、余丹：《广州大学生手机使用与依赖的现状调查》，《卫生软科学》2010 年第 3 期，第 24 页。

现代社会，大学生通过手机通话、发送短信，随时随地与社会网络中的其他人保持联系，获取社会资本满足社交需求。一般说来，手机上存储的号码越多，每天使用的时间越长，说明社交网络就越大，获取的社会资本也就越多，最终导致对手机的依赖也就越深。另一方面，借助手机拥有的丰富的附加功能，满足当代大学生获取信息的需求。手机不仅具有通话和发送短信的基本功能，还拥有手机上网、音乐、游戏、电子字典等功能。处在学习黄金阶段的大学生，充满了对知识和信息的渴求，手机丰富强大的功能、满载的信息无不吸引着大学生。

第三，人格特质的差异。有研究发现，“粘（黏）液-抑郁质的大学生每月发送手机短信的条数最少，胆汁质的大学生每月发送短信的条数最多；粘（黏）液-抑郁质的大学生使用手机的时间最少，粘（黏）液质的大学生使用的最多”[①]。根据艾森克人格理论，胆汁质类型的人，脾气急躁、情绪冲动和难以控制。因此，胆汁质的大学生有许多朋友，需要与人交谈，所以经常使用手机，将自己知道的事情与同学分享。他们还经常关注别人的信息，如果手机不在身边或一段时间没留意手机，便会觉得不安。而黏液-抑郁质的人，安静淡定、反应迟缓和情绪不易外露。这种气质类型的大学生，不爱社交，喜欢把心事藏在心里，不愿意找别人倾诉，也不关注别人的事情，因此不太使用手机，对手机的依赖性较低。

第四，不良情绪的排遣。大学生处于人生的“第二次断乳期”，缺乏生活的磨练，心理尚不成熟，性格比较脆弱，情绪波动性也很大。有关大学生手机依赖的研究显示，“心烦意乱、感到不适、产生幻觉、焦虑暴躁、悄悄查看、拇指酸痛与情绪稳定性都呈正相关”[②]。因此，情绪不稳定的大学生对没有电话或短信的刺激反应更强烈，表现出种种不适症状：心烦意乱、焦虑急躁，甚至出现幻听。而情绪稳定的大学生由于有较强的自控能力，能够保持平和的心态，因此对手机的依赖程度也较不明显。此外，现代社会竞争日益激烈，部分大学生学习压力大，产生厌学情绪或无聊感后，需要通过手机上网来排遣，一旦手机没电或来电频率突然降低就会出现情绪波动，如焦虑、烦躁、抑郁等症状。

## 三、防治手机依赖症的四个对策

第一，营造良好的群体氛围，培养学生独立的个性。群体氛围是影响从众行为的重要因素之一。要创建团结向上的集体，形成良好的群体氛围，发挥群体正

---

① 黄靖茵、刘江美、胡燕红，等：《广东省大学生手机短信使用情况及其与气质类型的关系》，《中国学校卫生》2010年第5期，第550页。

② 秦曙：《大学生手机短信使用与个性特征的相关研究》，《保健医学研究与实践》2009年第2期，第33页。

确舆论的导向作用。学校应重视手机依赖症产生的危害，通过开展相关讲座、宣传等活动，倡导积极向上、健康文明的手机使用观，引导学生正确、健康地使用手机，使学生认识到手机和固定电话并无实质差别，让手机回归通信的基本功能。班级也要形成合理、适度使用手机的风尚，发挥从众心理的积极因素，克服从众心理的消极影响，使手机依赖、手机攀比等不良风气在学生中缺乏生存的土壤。此外，还要培养学生独立的个性，不盲从他人。学校要培养和增强学生的自信心和责任心，对盲目依赖手机、荒废学业的现象，要敢于批评和抵制。

第二，构建和谐校园文化，丰富学生的课余生活。学校应开展丰富多彩的校园文化活动，营造健康、有序的和谐校园环境。一方面，学校可组织歌手大赛、演讲比赛、运动会等学生感兴趣的文体活动，这不仅可以充分调动学生的积极性，促进学生个性发展，还可以满足学生社会交往的需要，形成良好的人际关系和团队合作精神。另一方面，学校设置校园人文大讲堂、社团文化节、学生科技大赛等实践活动，在满足学生对信息和知识渴求的同时，还可以培养学生的科学精神和人文素养，形成优良的学风。通过开展上述多种形式的校园文化活动，营造积极向上的校园文化氛围，让过分依赖手机的学生参与其中，潜移默化地接受教育，从而在活动中重建自己的社会交往圈，消除孤独感和失落感，进而摆脱对手机的依赖。

第三，加强人文关怀和心理疏导，调控学生的不良情绪。高校教育者应把握大学生心理尚不成熟、情绪波动性大的特点，加强人文关怀和心理疏导，让大学生的不良情绪得到合理宣泄。合理宣泄是保持心态平衡的重要方法之一。在竞争日益激烈的现代社会，部分大学生由于学习压力大，产生厌学情绪或无聊感后，通过手机短信和上网进行排遣。同时，由于学习生活中的不如意、感到不公平等原因，有的学生牢骚满腹，需要通过手机沟通来获得精神安慰，上述情况都可能形成手机依赖，进而影响学生的正常学习和生活。因此，为帮助学生克服手机依赖，高校教育者应给予学生合理宣泄的机会，倾听他们的心声，让他们的不良情绪得到恰当释放，进而通过思想政治教育，提高学生的思想觉悟，改变手机依赖心理。

第四，采用科学的方法，鼓励大学生自我教育。解决大学生的手机依赖问题，不仅需要学校、教师的努力，还需要大学生自身积极配合。首先，大学生要充分发挥主观能动性，正视手机在生活中的位置，摆脱盲目依赖，保持健康心理。其次，合理制定手机使用规范，除了日常必不可少的使用外，尽量减少不必要的使用，用坚强的意志去抵制手机所带来的诱惑。再次，培养广泛的兴趣爱好，训练自己沟通的技巧，适当参加一些有益身心的活动，如读书会、志愿者服务等，将生活的重心从手机上转移。最后，如果对手机依赖过于严重，就要去看心理医生，以免影响正常的学习和生活。

综上所述，手机依赖症对大学生的身心健康和学习生活造成了很大危害。因此，学校、教师、学生自身三方面要形成合力，通过营造良好的群体氛围、构建和谐校园文化、加强人文关怀和心理疏导、大学生自我教育等途径，帮助大学生克服手机依赖心理，养成良好的意志品质，从而实现身心健康发展。

# 家庭环境对心理健康的影响：心理资本和人格的链式中介作用*

王　帅　　徐成芳

【摘　要】为探索大学生家庭环境、心理资本、人格与心理健康的关系，本文采用问卷调查法对1353名大学本科新生进行调查，并通过结构方程模型进行分析。研究发现：大学生家庭环境、心理资本、人格与心理健康两两显著相关，其中家庭环境可以直接负向预测心理健康，心理资本在家庭环境影响心理健康中起部分中介作用，人格在家庭环境影响心理健康中起完全中介作用，心理资本和人格在家庭环境影响心理健康中起完全链式中介作用。

【关键词】家庭环境　心理健康　心理资本　人格

## 一、问题提出

近年来，媒体报道的大学生恶性心理危机事件时有发生，大学生的心理健康问题备受社会各界的关注。研究显示，大一新生入学后在学业、人际关系、情感关系等方面表现出一定程度的不适应，这与大学生自身的家庭环境、心理资本、人格等有密切的关系。[①]高校应该遵循心理健康教育工作规律和学生成长规律，重视大学生心理问题的发生机制研究，制定有针对性的教育策略，培育大学生理性平和的健康心态。因此，探索大学生家庭环境对心理健康的影响及心理资本和人格因素的中介作用，对高校掌握学生心理成长规律和制定教育策略具有积极的理

---

* 本文系2017年度全国学校共青团研究立项课题“民办高校大学生价值观与心理健康特征研究”（项目编号：2017LX026）；2017年度辽宁省民办教育协会教育科研课题“基于‘互联网+’的高校心理危机管理机制研究”（项目编号：LMJK2017034）的阶段性成果。

① 穆菁菁、孔蕾、李龙春，等：《3所高校大一新生述情障碍与心理健康现状》，《中国健康心理学杂志》2013年第7期，第174—176页。

论意义和实践价值。

家庭生态系统理论认为，家庭系统对个体的成长发展影响较大，特别是在青春期对心理健康起重要作用。[①]“新生代大学生”心理问题的产生与家庭环境交织共生，深受父母人际关系失调、心理冲突和生存形态的影响。[②]家庭生态系统理论还认为，家庭系统整体功能对家庭成员特别是儿童的心理健康有重要的影响[③]，认为家庭环境、亲子沟通和父母教养方式是显著影响因素。[④]亲子依恋理论认为，亲子关系中的安全感和情感关怀特别重要，是影响儿童心理健康程度的关键因素[⑤]，进入青少年阶段之后仍然具有显著影响。[⑥]后续的研究也表明，家庭环境和父母教养方式对青少年的网络成瘾[⑦]和违法行为[⑧]有直接的影响。现有的研究表明，家庭环境与大学生的心理健康密切相关，具有一定的预测作用，是一种重要的教育资源。[⑨]

2004 年，美国心理学家 Luthans 等提出了积极心理资本（又称心理资本）的概念，随着积极心理学的兴起而受到学术界的广泛关注。心理资本是个体在成长和发展过程中表现出来的一种积极心理状态，包括自我效能、乐观、韧性和希望四个核心内容。[⑩]四个内容之间既具有概念上的独立性，又具有实证研究上的区分

---

① Bronfenbrenner U, *Making Human Beings Human*,Thousand Oaks, CA: Sage Publications, 2005.

② 王晓艳：《生态系统论视域下“新生代大学生”心理问题新解》，《内蒙古社会科学（汉文版）》2014 第 5 期，第 151—154 页。

③ Beavers R, Hampson R B, “The Beavers Systems Model of Family Functioning”, *Journal of Family Therapy*, Vol.22, No. 2, 2000, pp.128-143.

④ 侯志瑾：《家庭对青少年职业发展影响的研究综述》，《心理发展与教育》2004 年第 3 期，第 90—95 页。

⑤ Nickerson A B, Nagle R J, “The Influence of Parent and Peer Attachments on Life Satisfaction in Middle Childhood and Early Adolescence”, *Social Indicators Research*, Vol.66, 2004, pp.35-60.

⑥ 邓林园、张锦涛、方晓义，等：《父母冲突与青少年网络成瘾的关系：冲突评价和情绪管理的中介作用》，《心理发展与教育》2012 年第 5 期，第 539—544 页。

⑦ 喻爱军：《家庭环境、父母教养方式与中学生网络成瘾的关系》，《中国临床心理学杂志》2015 年第 6 期，第 1058—1060 页。

⑧ 程灶火、金凤仙、王国强，等：《家庭环境、教养方式和人格对青少年违法的影响及影响路径》，《中国临床心理学杂志》2016 年第 2 期，第 287—292 页。

⑨ 王爱玲：《家庭环境：重要的教育资源》，《教育理论与实践》2008 年第 S2 期，第 9—12 页。

⑩ Luthans F, Youssef C M, “Human, Social and Now Positive Psychological Capital Management: Investing in People for Competitive Advantage”, *Organizational Dynamics*, Vol.33, No.2, 2004, pp.143-160.

效度。同时，四个内容的相互作用还可以呈现出心理资本“整体大于部分之和”的特点。[①]相关研究表明，心理资本在教养行为与应对方式[②]、生活事件与主观幸福感[③]、父母教养与学校适应[④]等变量的关系中起到中介作用。人格因素具有独特性、稳定性、统合性、功能性，对考前焦虑[⑤]、主观幸福感[⑥]等有较好的预测作用，在教养方式与心理健康[⑦]、逆反心理与养育方式[⑧]、价值观与行为[⑨]等变量的关系中起到中介作用。而青少年成长过程中心理资本的积累依赖家庭环境，人格的形成更是与家庭环境密不可分[⑩]，因此可以推论心理资本、人格在家庭环境和心理健康之间起一定程度的中介作用。

综合来看，现有研究主要集中在家庭环境与心理健康之间的相关研究、单一变量在两者之间的中介作用等两个方面，而分析多变量共同中介作用的研究较少。简单的中介模型易受研究方法、样本大小等干扰因素的影响，而不能完全解释家庭环境与心理健康的复杂作用机制，因此需要引入多重中介模型来进一步探索分析。本文以大一新生为研究对象，构建以家庭环境为自变量、心理健康为因变量、心理资本和人格为中介变量的链式多重中介模型，探索心理资本和人格在家庭环境预测心理健康之间的工作机制。

---

① 仲理峰：《心理资本研究评述与展望》，《心理科学进展》2007 年第 3 期，第 482—487 页。

② 彭咏梅、杨小兵、刘红云，等：《医专生父母教养方式与应对方式：心理资本的中介作用》，《中国临床心理学杂志》2017 年第 6 期，第 1171—1174 页。

③ 高素华：《大学生生活事件与主观幸福感间的作用机制研究——以心理资本和社会支持为中介》，《教育学术月刊》2017 年第 3 期，第 95—99 页。

④ 张效芳、杜秀芳：《父母教养行为对初中生学校适应的影响：心理资本的中介作用》，《中国特殊教育》2014 年第 1 期，第 67—72 页。

⑤ 夏凌翔、李静、朱建容：《中学生的自立人格特质对考前焦虑的预测：特质焦虑的中介作用》，《西南大学学报（自然科学版）》2011 年第 12 期，第 150—154 页。

⑥ 张珊珊、刘文：《人格：主观幸福感的预测源》，《心理研究》2011 年第 2 期，第 3—7 页。

⑦ 王雪：《青春期学生自立人格在父亲教养方式与心理健康间的中介效应》，《内蒙古师范大学学报（教育科学版）》2015 年第 2 期，第 62—64 页。

⑧ 韩梅、谷传华、王慧，等：《初中生逆反心理与父母养育方式的关系：人格的中介作用》，《中国特殊教育》2016 年第 5 期，第 69—74 页。

⑨ 姚敏、周生江、于海涛：《道德价值观对大学生道德行为的影响：人格的中介作用》，《中国特殊教育》2015 年第 9 期，第 77—82 页。

⑩ 蒋国栋：《“95 后”大学新生大五人格与家庭环境相关关系》，《中国健康心理学杂志》2017 年第 3 期，第 415—417 页。

## 二、研究对象与方法

第一，研究对象。本文以大连市 3 所高校大一新生为研究对象，在征得学生本人同意的情况下采用整群抽取的方式施测，共发放问卷 1500 份，回收问卷 1462 份，其中有效问卷 1353 份，包括男生 664 人（占 49.08%），女生 689 人（占 50.92%）。

第二，研究工具。①家庭环境量表。采用家庭环境量表中文版（Family Environment Scale-Chinese Version，FES-CV），该量表是费立鹏等在 Moss 编制的家庭环境量表（Family Environment Scale，FES）基础上翻译修订的[①]，共有 10 个因子，得分越高说明家庭环境越好。相关学者认为，该量表的道德宗教观等因子的 Cronbach's α 系数不理想，可能与部分内容不适合中国文化有关。[②]本文筛选亲密性、矛盾性、知识性、娱乐性和组织性等 5 个因子作为家庭环境的观察变量。②心理资本量表。采用积极心理资本问卷（positive psycap questionnaire，PPQ），该量表由张阔等编写[③]，共包括自我效能、韧性、希望和乐观等 4 个因子，得分越高说明心理资本状况越好。③人格因素量表。采用卡特尔 16 种人格因素问卷，该量表由美国心理学家卡特尔编制，中文版由祝蓓里和戴忠恒修订完成[④]，共涉及 16 个因子，得分反映了该项因子的人格特征倾向。本文筛选稳定性、有恒性、敢为性、忧虑性、自律性和紧张性等 6 个因子作为人格因素的观察变量。④心理健康量表。采用症状自评量表，该量表由 Derogatis 编制，是目前国内医院心理诊断和高校心理普查最常用的量表。[⑤]本文筛选躯体化、强迫症状、人际关系敏感、抑郁和焦虑等临床诊断中指向神经症性心理问题等 5 个因子作为心理健康的观察变量。

第三，数据处理与分析。本文使用 Spss19.0 软件对测量数据进行中心化处理、描述性统计、单因子分析和相关分析，使用 Amos21.0 软件对测量数据进行验证性因素分析（confirmitory factor analysis，CFA）和结构方程建模（structural equation model，SEM），并使用 bootstrap 检验法检验中介作用。

第四，研究假设。本文提出四点假设：H1，家庭环境直接负向预测心理健康；

---

① 汪向东、王希林、马弘编：《心理卫生评定量表手册》（增订版），中国心理卫生杂志社 1999 年版，第 134 页。

② 陶金花、金凤仙、张嫚茹，等：《家庭环境量表中文版在问题青少年群体的信效度验证》，《中国临床心理学杂志》2015 年第 6 期，第 1024—1027 页。

③ 张阔、张赛、董颖红：《积极心理资本：测量及其与心理健康的关系》，《心理与行为研究》2010 年第 1 期，第 58—64 页。

④ 祝蓓里、戴忠恒：《卡氏十六种人格因素中国常模的修订》，《心理科学通讯》1988 年第 6 期，第 5 页。

⑤ 王征宇：《症状自评量表（SCL-90）》，《上海精神医学》1984 年第 2 期，第 68—70 页。

H2，心理资本在家庭环境影响心理健康之间起到中介作用；H3，人格在家庭环境影响心理健康之间起到中介作用；H4，心理资本和人格在家庭环境影响心理健康之间起到链式中介作用。

## 三、结果与分析

第一，共同方法偏差（common method bias，CMB）的控制与检验。为了有效降低共同方法偏差，首先，施测过程采用程序控制。来源控制：被试对象为大连市 3 所高校开设“心理健康教育”课程的大一新生；匿名性控制：所有被试者均匿名参加测量；时间间隔控制：各变量分两次测量，时间间隔一个月以上；平衡项目的顺序效应：采用完全被试内设计 Block 随机化法来平衡顺序效应。[①]其次，数据分析过程采用统计检验。对有效数据样本进行 Harman 单因子分析，来检验共同方法偏差是否显著。[②]统计分析结果显示，共有 5 个项目的特征根值超过了 1，其中首个因子的变异解释率为 35.16%，没有超过 Harman 单因子分析的最低限定值 40%[③]，分析结果表明本文中预测与效标变量之间不存在显著的共同方法偏差。

第二，家庭环境、心理资本、人格和心理健康的相关分析。对家庭环境、心理资本、人格和心理健康等 4 个变量进行相关分析，结果如表 1 所示，4 个变量之间都存在不同程度的相关。其中，家庭环境、心理资本和人格等 3 个变量之间呈显著的两两正相关，而心理健康与家庭环境、心理资本、人格等 3 个变量呈显著的负相关。

**表 1　家庭环境、心理资本、人格和心理健康的均值、标准差及相关矩阵**

| 各变量 | *M*±*SD* | 家庭环境 | 心理资本 | 人格 | 心理健康 |
|---|---|---|---|---|---|
| 家庭环境 | 5.12±1.08 | 1 | | | |
| 心理资本 | 27.38±4.27 | 0.381** | 1 | | |

① Podsakoff P M, MacKenzie S B, Lee J Y, et al., “Common Method Biases in Behavioral Research: A Critical Review of the Literature and Recommended Remedies”, *Journal of Applied Psychology*, Vol. 88, 2003, pp. 879-903.

② Livingstone L P, Nelson D L, Barr S H, “Person-environment Fit and Creativity: An Examination of Supply-value and Demand-ability Version of Fit”,*Journal of Management*, Vol. 23, No.2, 1997, pp.119-146.

③ Ashford S, Tsui A, “Self-Regulation for Managerial Effectiveness: The Role of Active Feedback Seeking”, *The Academy of Management Journal*, Vol.34, No.2, 1991, pp.251-280.

续表

| 各变量 | $M±SD$ | 家庭环境 | 心理资本 | 人格 | 心理健康 |
|---|---|---|---|---|---|
| 人格 | 5.69±0.62 | 0.314** | 0.364** | 1 | |
| 心理健康 | 1.66±0.44 | −0.217** | −0.470** | −0.169** | 1 |

注：$*p<0.05$，$** p<0.01$，$*** p<0.001$，下同

第三，心理资本和人格在家庭环境影响心理健康中的链式中介作用检验。综合现有研究，对于中介作用和链式中介作用的检验方法与报告的中介效果量存在一定的争议，集中表现为：是否需要以系数 $c$ 显著为前提，区分完全中介和部分中介是否合适，常见的中介效应量是否有统计学意义，以 Amos 为统计工具的研究中报告的置信区间应该报告总效应、直接效应还是间接效应，链式中介作用模型中路径系数的乘积能否真实反映中介效应量等。为了保证研究结果的准确性，本文依据温忠麟和叶宝娟提出的新中介作用检验程序，采用 Amos21.0 软件分别建立家庭环境→心理资本→心理健康和家庭环境→人格→心理健康中介效应模型分别检验心理资本和人格的中介作用[①]；依据柳士顺、凌文辁、方杰等提出的多重中介检验方法，建立家庭环境→心理资本→人格→心理健康的链式多重中介模型（又称多步多重中介模型，multiple-step multiple mediator model）检验链式中介作用；使用偏差校正百分位法和百分位法检验（设置重复抽样 2000 次，计算 95% 的置信区间）三个模型是否存在中介作用和研究假设是否成立[②③]；报告内容包括 $c$、$c'$和 $ab$ 是否显著，检验结果为部分中介作用或完全中介作用，各模型的 $R^2$ 及总效应、直接效应、中介效应的估计值和置信区间，链式多重中介模型中各中介路径效果的比较等。

本文通过 Amos21.0 软件建立验证性因素分析多因素斜交模型来检验家庭环境、心理资本、人格和心理健康等 4 个核心变量之间的区分度和拟合度。所有数据进行标准化处理，得到的分析结果如下：20 个变量的因素载荷中，7 个优秀（≥0.71）、5 个为非常好（≥0.63）、5 个为好（≥0.55）、3 个为普通（≥0.45），说明测量数据具有良好的聚敛效度（construct validity）；4 个变量的组合信度（composite reliability，CR）均大于 0.80（>0.70）的临界值、平均变异萃取量（average variance

① 温忠麟、叶宝娟：《中介效应分析：方法和模型发展》，《心理科学进展》2014 年第 5 期，第 731—745 页。

② 柳士顺、凌文辁：《多重中介模型及其应用》，《心理科学》2009 年第 2 期，第 433—435、407 页。

③ 方杰、温忠麟、张敏强，等：《基于结构方程模型的多重中介效应分析》，《心理科学》2014 年第 3 期，第 735—741 页。

extracted，AVE）均大于 0.50（>0.50），说明测量数据具有良好的组合信度，聚敛能力十分理想，具有良好的操作型定义化[①]；各潜在变量的相关系数的信赖区间均不包含 1，测量数据具有良好的区分效度；各测量变量的偏态系数的区间范围为[–2，2]（绝对值<3）、峰度系数的区间范围为[–1，4]（绝对值<10）和 Mardia 系数为 27.819（Mardia 系数<观察数*观察数+2）均符合多元正态分布。整体模型拟合度检验中，因样本数较大（$n$=1353），内部拟合度指数不理想，在不违背经验法则和结构方程建模假定的前提下，通过调整测量数据残差的共变假设来对模型进行修正，修正后数据与各方程模型拟合度良好（表 2）[②]，可以进行中介作用检验。

**表 2　各模型拟合指数摘要表**

| 模型 | $\chi^2/df$ | RMSEA | GFI | NFI | IFI | TLI | CFI |
|---|---|---|---|---|---|---|---|
| 模型 1 | 6.778 | 0.065 | 0.958 | 0.956 | 0.962 | 0.942 | 0.962 |
| 模型 2 | 5.361 | 0.057 | 0.957 | 0.951 | 0.960 | 0.943 | 0.960 |
| 模型 3 | 6.650 | 0.065 | 0.928 | 0.923 | 0.934 | 0.913 | 0.934 |

第一步建立中介效应模型 1，检验心理资本在家庭环境影响心理健康中的中介作用。由图 1（a）和表 3 可知，模型的总效应置信区间不包括 0，表明 $c_1$ 显著，模型具有统计学意义；间接效应置信区间不包括 0，表明 $a_1b_1$ 显著，心理资本的中介作用存在；直接效应置信区间不包括 0，表明 $c_1'$ 显著，心理资本起部分中介作用；模型中 $a_1b_1/c_1$=0.561，$R^2$=0.303。证明家庭环境既可以直接负性预测心理健康，又可以通过心理资本间接负向预测心理健康，H1 和 H2 成立。第二步建立中介效应模型 2，检验人格在家庭环境影响心理健康中的中介作用。由图 1（b）和表 3 可知，模型的总效应置信区间不包括 0，表明 $c_2$ 显著，模型具有统计学意义；间接效应置信区间不包括 0，表明 $a_2b_2$ 显著，人格的中介作用存在；直接效应置信区间包括 0，表明 $c_2'$ 不显著，心理资本起完全中介作用；模型中 $R^2$=0.475。证明家庭环境可以通过人格负向预测心理健康，H3 成立。第三步建立链式多重中介效应模型 3，检验心理资本和人格在家庭环境影响心理健康中的链式中介作用。由图 2 和表 3 可知，模型的总效应置信区间不包括 0，表明 $c_3$ 显著，模型具有统计学意义；间接效应置信区间不包括 0，表明心理资本和人格的链式中介作用存

① 邱皓政、林碧芳：《结构方程模型的原理与应用》，中国轻工业出版社 2009 年版，第 101—106 页。

② 吴明隆：《结构方程模型——AMOS 的操作与应用》，重庆大学出版社 2010 年版，第 158—170、343 页。

在；直接效应置信区间包括 0，表明 $c_3'$ 不显著，链式中介作用为完全中介作用；模型中 $R^2$=0.478。证明家庭环境可以通过心理资本和人格的链式多重中介负向预测心理健康，H4 成立。需要注意的是，在模型 2 和模型 3 中均出现了间接效应与直接效应符号相反和间接效应估计值大于总效应的遮掩现象，但已经检验为完全中介作用，因此按照温忠麟等的主张不具体探究是否存在遮掩效应（suppressing effect）。

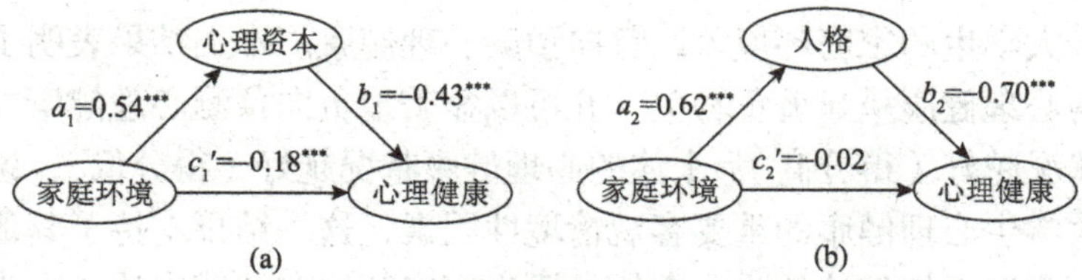


图 1　心理资本、人格在家庭环境影响心理健康中的中介作用模型

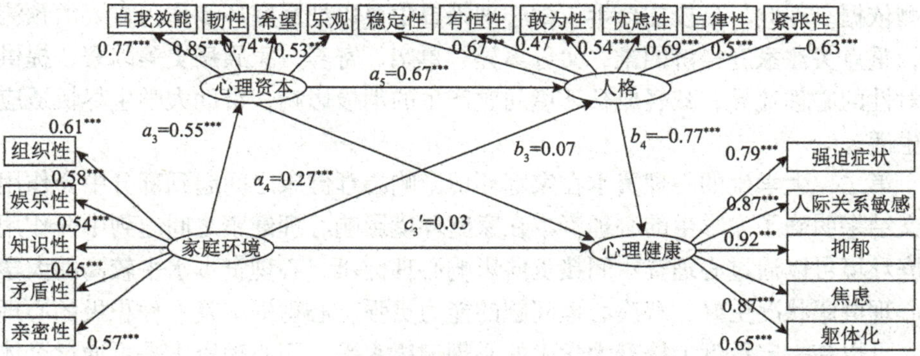


图 2　心理资本和人格在家庭环境影响心理健康中的链式中介作用模型

**表 3　中介作用模型的 Bootstrap 检验结果汇总表**

| 模型 | 标准化总效应估计值 | 置信区间 | | | | 标准化直接效应估计值 | 置信区间 | | | | 标准化间接效应估计值 | 置信区间 | | | |
|---|---|---|---|---|---|---|---|---|---|---|---|---|---|---|---|
| | | 偏差校正百分位 95%CI | | 百分位 95%CI | | | 偏差校正百分位 95%CI | | 百分位 95%CI | | | 偏差校正百分位 95%CI | | 百分位 95%CI | |
| | | 上限 | 下限 | 上限 | 下限 | | 上限 | 下限 | 上限 | 下限 | | 上限 | 下限 | 上限 | 下限 |
| 模型 1 | –0.412 | –0.472 | –0.349 | –0.473 | –0.351 | –0.179 | –0.258 | –0.092 | –0.260 | –0.096 | –0.232 | –0.289 | –0.184 | –0.287 | –0.181 |
| 模型 2 | –0.416 | –0.477 | –0.353 | –0.478 | –0.355 | 0.019 | –0.063 | 0.106 | –0.067 | 0.106 | –0.435 | –0.515 | –0.365 | –0.513 | –0.363 |
| 模型 3 | –0.416 | –0.476 | –0.353 | –0.477 | –0.354 | 0.032 | –0.054 | 0.127 | –0.055 | 0.126 | –0.447 | –0.534 | –0.375 | –0.533 | –0.375 |

通过模型 1 和模型 2 的对比可以看出，人格的中介作用要大于心理资本，而在共同引入心理资本和人格的链式中介作用模型 3 中，路径家庭环境→心理资本

→人格→心理健康的中介作用要大于路径家庭环境→人格→心理健康和家庭环境→心理资本→心理健康。综合模型 1、模型 2 和模型 3 的结果，可以推论链式多重中介模型更能解释心理资本和人格在家庭环境影响心理健康中的作用机制。

## 四、讨论

第一，大学生的家庭环境可以负向预测心理健康。本文结果表明了大学生的家庭环境与心理健康呈显著负相关，并可以显著地负向预测心理健康，即个体的家庭环境状况越好（得分高），个体的心理健康状况越好（得分低），说明家庭环境是影响大学生心理健康的重要客观情境性因素，这一结果支持了其他学者的研究结果。[①] 家庭系统理论认为，个体的原生家庭环境对情感表达、行为模式、亲密关系等有直接的关系，对个体的身心健康有重要的影响，可以作为心理问题的预测依据。因此，高校在新生入学心理筛查中可以把家庭环境作为重要的预测指标，重点关注家庭经济困难、父母离异、单亲、寄养、家族病史等因素，提供有针对性的心理疏导，减轻成长环境问题产生的消极影响，帮助大学生尽快适应大学生活。

第二，大学生的心理资本在家庭环境影响心理健康之间起到部分中介作用。本文结果明确了大学生的心理资本在家庭环境影响心理健康之间起到中介作用，家庭环境可以通过心理资本间接负向影响心理健康，心理资本水平较高的大学生的心理健康状况更好，解决心理问题的能力更强。心理资本是一种积极的心理资源，可以在一定程度上提升大学生的心理健康水平。而心理资本是可通过个体的学习实践进行调节的心理能力，相关研究证明通过培养积极乐观的情绪、增强复原力、树立自信、建立希望和提升自我效能感等方式可以显著地积累心理资本。[②] 因此，高校可以通过个体咨询、团体辅导等方式引导有需要的学生通过训练积累积极的心理资本，更要从积极心理学的视角，通过特色心理活动、课程教学等载体引导大学生群体重视积极心理资本的积累，通过提高心理资本来缓解家庭环境对心理健康的消极影响。

第三，大学生的人格在家庭环境影响心理健康之间起到完全中介作用。本文结果证实了大学生的人格在家庭环境影响心理健康之间起到完全中介作用，家庭

---

① 桑志芹、伏干：《家庭环境、专业满意度与大一新生心理健康的关系》，《心理与行为研究》2015 年第 2 期，第 278—282 页。

② Luthans F, Avolio B J, Walumbwa F O, et al., "The Psychological Capital of Chinese Workers: Exploring the Relationship with Performance", *Management and Organization Review*, Vol. 1, No.2, 2005, pp.249-271.

环境可以通过人格直接影响心理健康，相比心理资本而言人格的中介效应更明显，人格是影响心理健康的重要因素。相关的研究也表明，家庭环境直接影响青少年人格塑造，而人格直接客观体现在大学生的行为模式和应对方式方面。大一新生入学后表现出的学习生活环境不适应、人际冲突、学业不良等问题，都与个体的人格有关[①]，本文进一步支持了这一观点。人格既是稳定的也是可塑的，可以通过个人的认知调节和实践发展形成新的行为特点与思维模式，锤炼个人意志品质，培育良好的性格。高校应该以培育健康人格为工作目标，发挥心理健康教育的育人功能，促进大学生人格健全，使人格成为大学生提升心理健康水平的重要载体。

第四，大学生的心理资本和人格在家庭环境影响心理健康之间起到完全链式中介作用。本文结果发现了大学生的心理资本和人格在家庭环境影响心理健康之间起到完全链式中介作用。综合三个模型的结果可以推论家庭环境可以通过心理资本和人格直接影响心理健康水平，心理资本和人格起到直接预测作用，人格的中介作用更显著。相关研究中心理资本和人格作为单一中介变量在家庭环境影响心理健康之间的作用方向是一致的。[②]本文把心理资本和人格整合为统一路径，发现心理资本和人格可以共同消解家庭环境对心理健康的负向影响，进一步拓宽了此类研究的方法和思路。虽然本文也受样本数量、同质性来源等因素的影响，但链式中介作用的发现还是对高校心理健康教育工作有一定积极的启示。家庭环境作为大学生成长经历中的客观因素无法改变，但心理资本和人格是相对可控的因素。高校可以通过调查大学生的家庭环境、心理资本和人格来预测大学生的心理健康状况，根据链式中介作用的作用机制改进工作模式，加强大学生心理资本和健全人格的培育，消解或缓冲家庭环境对心理健康的消极影响。

## 五、结论

家庭环境、心理资本、人格和心理健康四个变量之间呈两两显著相关，家庭环境、心理资本和人格呈两两显著正相关，心理健康与其他三个变量呈显著负相关。家庭环境可以显著负向预测心理健康，可以通过心理资本间接影响心理健康，可以通过人格直接影响心理健康，还可以通过心理资本和人格的链式中介作用直接影响心理健康。

---

① 付海荣、陈学彬、秦晓民，等：《家庭环境对医学生心理健康、人格、应对方式的影响》，《中国特殊教育》2006 年第 10 期，第 84—88 页。

② 张阔、张赛、董颖红：《积极心理资本：测量及其与心理健康的关系》，《心理与行为研究》2010 年第 1 期，第 58—64 页。

# 理论探讨篇

# 论马克思主义中国化与中国现代化的关系*

徐成芳

【摘　要】中国社会主义现代化的崇高性和特殊的路径依赖，决定了中国现代化必须用中国化的马克思主义理论来指导。马克思主义中国化即理论创新，需要避免对“马克思主义中国化”的狭隘理解，需要加入新的思想元素，并进行独立思考。中国现代化即实践创新，需要破除对某些现代化模式的崇拜，赋予现代化以新的灵魂和格调，这个灵魂和格调要与人类普遍价值观念相符合，从而使中国的现代化成为符合中国人民利益和人类发展要求的现代化。

【关键词】马克思主义中国化　中国现代化　创新

发生在中国的马克思主义中国化和中国现代化两大进程，实际上是理论创新和实践创新的进程，它不仅强有力地推动了中华民族的伟大复兴，也使世界的和平发展更有保障。继续推进这两大进程的健康发展，是中国共产党和中国人民肩负的两大历史重任。当前，运用辩证的观点来反思马克思主义中国化、反思中国现代化、反思马克思主义中国化与中国现代化的关系，仍然具有重要价值。

## 一、正确处理马克思主义中国化与中国现代化的关系

马克思主义中国化的任务是把马克思主义与中国实际相结合的基本经验上升为理论，是理论创新。中国现代化的任务是把中国从落后的农业国变成先进的新型工业国，是实践创新。因此，马克思主义中国化与中国现代化的关系，就是理

* 本文系国家社会科学基金项目“坚持马克思主义在我国意识形态领域指导地位深层次研究”（项目编号：09BKS039）的阶段性成果。

论与实践的关系。

首先，用马克思主义中国化理论指导中国现代化，是社会主义现代化崇高性和特殊的路径依赖决定的。有观点认为，现代化是一种客观进程，不分姓资姓社。但在现实中，资本主义主导的现代化和社会主义主导的现代化存在很大差别，现代化的制度性特征还是相当明显的。社会主义中国坚持走和平发展的合作道路，否定对内剥削、对外掠夺的道路，在现代化的旗帜上鲜明地写下了“社会主义”的字样。因此，中国的现代化在理念上具有崇高性。马克思设想的社会主义是在生产力高度发达的基础上建立的社会主义，是脱胎于资本主义又高于资本主义的社会形态。但是，在现实中世界社会主义的实践不是这样的发展路径。由于革命而跨越的“卡夫丁峡谷”，在生产力和人类普遍价值方面出现了断层。于是，社会主义初级阶段的现代化建设包含大量的资本主义因素。那么，如何既包容资本主义因素又规避资本主义的弊端？如何既坚持社会主义又推进社会主义改革与完善？如何既当好全球化的积极参与者并承担好国际责任和义务又把本国发展好、建设好？这些可能是经典社会主义不需要解决的问题，但在社会主义初级阶段则必须由马克思主义中国化来解决，而不能靠别的理论来解决。

其次，二者关系表现为“两个离不开”。马克思主义中国化是在实现中国现代化的过程中不断丰富发展的，离开了中国现代化的伟大实践就无法实现马克思主义的中国化；中国现代化是在中国化马克思主义指导下的社会主义现代化，离开了马克思主义中国化的理论创新就不能破解中国现代化的诸多难题，就不能在人口超大型社会中实现现代化。马克思主义中国化主要表现为马克思主义理论要结合中国的实际，而不是中国的实际去适应马克思主义。它不为理论而改变自己，相反要求理论根据自己的情况作出相应的改变。因为只有中国化的马克思主义才能指导中国的实践。中国现代化则主要表现为中国要改变自己，适应人类社会的发展进步，变成一个现代化的社会。于是，要求广泛地借鉴人类的一切文明成果、一切先进国家的先进经验。从文化变迁的角度看，马克思主义中国化是马克思主义适应中国实际的过程，而中国现代化则是中国文化日益适应世界发展潮流的过程。前一个过程是内化的过程，而后一个过程是外化的过程。这两个过程之间不是僵化地、机械地发展的，而是相互作用的综合变化过程。

## 二、避免对“马克思主义中国化”的狭隘理解，有效推进理论创新

首先，理论创新需要避免狭隘性理解。长期以来，我们讲马克思主义理论与

中国实际相结合，强调的重点有三个：第一，要坚持马克思主义而不是否定马克思主义，但不能教条主义地对待马克思主义；第二，要从中国的实际出发坚持马克思主义，要充分尊重中国的客观实际，不要看不起中国自己的实践；第三，要运用马克思主义立场、观点、方法去指导和总结中国的实践，并把经验教训上升到理论高度，进行理论创新。这三点无疑是正确的，但是从辩证的角度看，我们的这种“强调”也存在隐忧，因为这里只强调了“马克思主义”和“中国”两个要素，这就容易造成一种误解，即马克思主义与中国实际相结合就是仅仅把马克思主义这种学说和理论与中国的实际相结合就可以创新了。其实，单纯把马克思主义理论与中国实际相结合还不足以实现创新，因为这样就把理论创新的思维空间限制在了一个狭窄的范围内了，容易导致仅仅在马克思主义体系内寻求结合的理论依据和理论突破。

其次，理论创新需要加工新的元素。马克思主义与中国实际相结合，关键是马克思主义立场、观点、方法与中国实际相结合，落脚点是在马克思主义理论指导下实现理论创新，以解决中国的现实问题，方法是以宽阔的世界眼光、高超的理论思维把握时代特点，批判地继承人类社会创造的一切文明成果。马克思在 19 世纪 40 年代进行的理论创新给了我们很多启示：第一，马克思是在扬弃资产阶级学者的学术成就的基础上实现创新的；第二，马克思是在扬弃他所处的那个时代的理论思维的最高点的基础上进行创新的。因此，我们要向马克思学习，仍然要在扬弃当今资产阶级学者的学术成就的基础上进行创新，仍然要在扬弃我们所处时代的理论思维的最高点的基础上进行创新。一方面，要充分尊重资本主义社会的一切优秀思想成果，不搞关门主义；另一方面，对这些成果要有批判能力，而不能成为这些思想和理论的俘虏与尾巴。邓小平在 20 世纪 70 年代末开始的理论创新同样给我们以巨大的启示。在马克思主义理论体系内部，很难找到“市场”与“社会主义”有机结合的理论根据，邓小平的依据是从现实中找到的，是通过证伪的办法得到的。所谓证伪的办法，包括两个方面：一方面，资本主义的实践证明，没有国家干预的市场经济是危险的，无论是凯恩斯的理论和罗斯福新政，抑或当今美国政府及欧洲联盟的救市举措都表明了这一点；另一方面，社会主义的实践又证明，高度计划拒绝市场的模式是行不通的。邓小平看到了这两点，以巨大的理论勇气行动起来，对资产阶级学者的市场理论采取了“拿来主义”。

最后，理论创新需要独立思考。过去为了证明什么正确，就引用马克思、恩格斯和列宁的言论，现在有一种倾向是引用美国学者的言论。引用是必要的，但是任何时候都不能放弃独立思考。独立自主不仅是一种政治行为，也应当是一种理论行为。

## 三、破除“现代化崇拜”，积极推进社会主义现代化建设

首先，马克思主义是最早对资本主义“现代化崇拜”进行科学批判的理论。从现代化理论的角度看，马克思主义就是批判资本主义现代化模式的理论，对共产主义社会的描述就是对人类现代化终极目标的描述。赞成现代化的理论有一个共同特点，即认为人类社会发展是一个矢量，是由低级向高级方向发展的。反对现代化的理论则认为，人类社会不一定朝一个共同的方向发展，现代化是反人类的。马克思主义是主张人类社会不断由低级向高级发展的，是赞成现代化的，但是它也反对资本主义现代化造成的人的异化，并且论证了共产主义代替资本主义的历史必然性。中国在马克思主义指导下开启了全新的历史篇章，因此中国的现代化必然打上马克思主义的深刻烙印。随着中国现代化实践的深入发展，我们对马克思主义现代化理论的认识也会越来越深入。

其次，现代化过程中后发国家容易对先发国家产生崇拜，而这种崇拜又容易被发达国家利用。我们国家和许多发展中国家一样，长期以来是站在推进现代化建设的立场上讲话立论的，认为反现代化是错误的、不应该的，是开倒车。但是，从科学发展的观点来看待，它具有一定程度的片面性。也就是对现代化的崇拜，其特征主要是强调力量、实力，忽视文化和普遍价值。当需要作出判断的时候，人们内心的标准是：现代化等于文明，非现代化就等于落后。在人际关系中，拥有现代物质力量——如现代交通工具、通信设备、财力等的人，被看作先进的、文明的、有教养的，尽管事实并非全然如此。在现实的国际关系中，现代化的国家和民族因自己取得的现代化成就而倍感自信，而发展中国家和民族则因为自己的不发达而产生自卑。因此，在政治博弈中，发达国家也在充分利用人们的这种判断偏好，占发展中国家的便宜，试图掌控发展中国家的资源、市场和劳动力等。

最后，中国的现代化不可盲目地学习日本。在中日关系中，中日双方的思维模式都具有明显的“现代化崇拜症”倾向。日本近代也曾面临沦为殖民地的危险，但是它成功地摆脱了这种命运，方法就是脱亚入欧，成为东亚唯一具有近代工业生产能力的国家，由此产生了强烈的民族自信。第二次世界大战结束后，由于美国的扶植政策，日本经济迅速发展，现代化程度进一步提高，得以重建民族自信。可以说，日本的民族自信源于它的近代化和现代化，它推崇的就是现代化，相信实力哲学。这种对待现代化、盲目崇拜现代化的态度和做法是值得我们警惕与批判的。中国在对待现代化的问题上应坚持人类的普遍价值、坚持自己的理想和信念、坚持自己的原则和立场，而不是盲目地羡慕和崇拜现代化。我们的现代化要有我们的灵魂和格调，这个灵魂和格调要与人类普遍的价值观念相符合，这样的现代化才是高尚的、幸福的、和谐的现代化，才是符合中国人民利益和人类发展

要求的现代化。我们不仅要实现中华民族伟大复兴的中国梦，更要实现全世界和全人类的和谐、合作与共赢。

总之，马克思主义中国化和中国现代化是一对互相作用、互相依赖、互相促进的范畴，是中国学者、中国人民要特别面对的问题。研究反思这对范畴有助于深化我们的理论思维，有利于推进马克思主义中国化和中国现代化这两大进程的良性发展。

# 理论武器的多样性选择与马克思主义中国化的历史必然性*

罗家锋　徐成芳

**【摘　要】** 中国为什么选择马克思主义？马克思主义为什么要中国化？这并不是一个简单的自明性问题。本文在考察了中国近现代革命历史逻辑中对理论武器的选择与扬弃，以及反对教条主义、取消主义和经验主义对待马克思主义中国化的历史必然性的观点，重点分析了目前马克思主义中国化面临的新挑战，提出了以综合创新的方式增强马克思主义中国化的自信自觉需要注意的几条原则。

**【关键词】** 马克思主义　理论武器　多样性选择　中国化　历史必然性

在近现代中国的历史语境中，呈现出理论武器选择多样性的历史景象，各种非马克思主义理论在历史选择中犹如昙花一现。那么，中国为什么选择马克思主义？马克思主义为什么要中国化？这并不是一个简单的自明性问题。今天，在各种社会思潮的挑战面前，如何自信自觉地高举马克思主义旗帜和继续推进马克思主义中国化，是一个需要深入思考和亟待解决的重要问题。

## 一、为什么选择马克思主义——中国近现代革命历史逻辑中对理论武器的选择与扬弃

中国为什么选择马克思主义？这并不是一个简单的自明性问题。中国近现代历史变革逻辑中先后主要有对魏源、林则徐的“师夷长技以制夷”主张、太平天

---

* 本文系国家社会科学基金项目“坚持马克思主义在我国意识形态领域指导地位深层次研究”（项目编号：09BKS039）的阶段性成果。

国的拜上帝教教义、义和团的“扶清灭洋”口号、洋务派的“中体西用”主张、戊戌变法的“君主立宪”主张、孙中山的“三民主义”、民主党派的“第三条道路”等理论武器的选择与扬弃。

魏源、林则徐的“师夷长技以制夷”，主张通过学习西方的科技强兵之路，力图维护清王朝的统治和抵御外国入侵，但他们未看到中国遭受外国“坚船利炮”入侵的根本原因在于清王朝腐朽落后的封建制度严重制约了中国社会生产力和科技的发展。太平天国的拜上帝教教义的狭隘性与虚妄性违背了中国民众崇拜多神的传统信仰和宗教情感，成为太平天国领导人内部争权夺利进而发生内讧的合法外衣，磨灭了群众的自由意志和创造精神，终究不可能解决在革命发展中不断出现重大利益冲突的新矛盾和新问题。正如恩格斯所指出的：“因为宗教的第一句话就是谎言——或者说，宗教一开头向我们说起某种有关人的事物的时候，不就把这种事物硬说成某种超人的、神的事物吗？”①义和团提出了“扶清灭洋”的口号，在思想和行动上，直接把矛头指向中华民族最凶残的敌人——帝国主义，但却不知道与帝国主义狼狈为奸的清政府也是革命的对象，从而被帝国主义和清政府联合绞杀了。洋务派主张“中学为体，西学为用”，即只改经济制度，不改政治制度，试图在不触动腐朽的封建制度的前提下，利用西方资本主义的某些长处来维护封建专制统治，其失败命运是不可避免的。戊戌变法的“君主立宪”主张，在没有任何自由民主的半殖民地半封建社会的旧中国，中国民族资产阶级企图通过清政府走自上而下的资本主义改良道路，是难以逃脱失败厄运的。孙中山的“三民主义”，并没有提出彻底的反帝反封建的革命纲领，不能充分发动和依靠人民群众，这充分暴露了中国民族资产阶级的两面性和软弱性，从而给辛亥革命埋下了失败的伏笔。民主党派的“第三条道路”主张，即走资产阶级民主共和国道路或民主社会主义。但是，中华民族在抗日战争胜利后面临的是两种命运、两个前途的尖锐斗争，持有中间路线想法的人一接触到客观的实际斗争，特别是内战重起，客观的形势逼迫他们只能投靠共产党或国民党，而没有走中间路线的余地。毛泽东曾精辟指出：“多次奋斗，包括辛亥革命那样全国规模的运动，都失败了。国家的情况一天一天坏，环境迫使人们活不下去。怀疑产生了，增长了，发展了。”②

十月革命一声炮响，给中国送来了马克思列宁主义，启示中国的先进分子运用马克思主义的立场、观点和方法分析与解决中国的实际问题，从此中国革命的面貌焕然一新。③一是中国共产党人运用马克思主义理论武器研究中国半殖民地半封建社会，明确提出彻底的反帝反封建的新民主主义革命的总路线、基本纲领和

---

①《马克思恩格斯全集》第3卷，人民出版社2002年版，第518页。

②《毛泽东选集》第4卷，人民出版社1991年版，第1470页。

③ 梅荣政：《用马克思主义引领社会思潮》，武汉大学出版社2008年版，第263页。

革命道路。二是马克思主义理论武器是近现代中国人民实现民族独立和人民解放、国家富强和人民富裕的两大历史任务的行动指南，以马克思主义理论武器武装头脑的中国共产党，率领中国人民推翻了帝国主义、封建主义和官僚资本主义“三座大山”，从而实现了民族独立和人民解放的历史任务。三是以马克思主义理论武器武装的中国共产党始终是中国革命和建设的依靠力量与领导核心，中国共产党不仅是中国工人阶级的先锋队，而且是中华民族的先锋队，始终代表中国先进生产力的发展要求、中国先进文化的前进方向和中国最广大人民的根本利益。

## 二、为什么要进行马克思主义中国化——反对教条主义、取消主义和经验主义对待马克思主义中国化的历史必然

选择马克思主义，是中国近现代革命历史逻辑中对理论武器的选择与扬弃，是实现民族独立和人民解放、国家富强和人民解放的历史选择。但是，马克思主义基本原理指导中国革命和建设的具体实践并不是一个简单的自明性问题。这实际上是一个“为什么要进行马克思主义中国化”的现实的问题。在对待马克思主义为什么要中国化的问题上，主要有四种态度：教条主义、经验主义、取消主义、实事求是。

第一，基于教条主义的马克思主义中国化，主要特点是把书本、理论当作教条，思想僵化，一切从书本出发，不从实际出发，反对具体情况具体分析，否认实践是检验真理的标准。教条主义轻视实践、割裂理论与实践、主观与客观的具体的历史的统一。在中国共产党历史上，教条主义试图从马克思主义经典文本中寻找解答中国具体实际问题的答案，力图从马克思主义经典文本直接找到“马克思主义中国化”的路径和方法，不懂得把马克思主义理论同中国的具体实际准确完整结合起来，不懂得“马克思的整个世界观不是教义，而是方法。它提供的不是现成的教条，而是进一步研究的出发点和供这种研究使用的方法”[①]。在新民主革命时期主要表现为王明“左”倾教条主义“一次革命论”，其错误在于只看到社会主义革命，没有看到新民主主义革命，以及陈独秀右倾“二次革命论”，其错误在于只看到新民主主义革命，没有看到社会主义革命。

第二，基于经验主义的马克思主义中国化，要害在于轻视马克思主义理论对中国革命和建设的具体实际的指导，从狭隘的个人经验出发，采取孤立、静止、片面的形而上学观点。仅仅局限于中国革命和建设具体实践的狭隘个人经验层面，把局部经验误认为是普遍真理，到处生搬硬套，也否认具体问题具体分析。力图

①《马克思恩格斯选集》第4卷，人民出版社2012年版，第664页。

从狭隘的个人实践经验中找到“马克思主义中国化”的路径和方法，这种路径和方法实质上是用狭隘的个人实践经验注释马克思主义理论，在其逻辑和现实语境中都没有实现马克思主义理论与中国革命和建设具体实践相结合，从而人为地割裂了马克思主义与中国革命与建设具体实践的关系，从而陷入了主观与客观、理论与实际相脱离的主观主义的错误。

第三，基于取消主义的马克思主义中国化，其要害在于取消马克思主义中国化，取消把马克思主义理论与中国具体实际相结合，其具体表现形式有两种。第一种是取消主义的教条主义，旗帜鲜明地主张取消马克思主义中国化，试图从马克思主义的经典文本中找到解决中国革命和建设具体实际问题的答案。它与教条主义的主要区别在于：教条主义在形式上默认马克思主义中国化，而取消主义的教条主义不认可马克思主义中国化；其相同点是都试图从马克思主义经典文本诠释中国实际问题。第二种是取消主义的经验主义，极力主张取消马克思主义中国化，试图运用中国革命和建设具体实践的个别经验解决中国革命和建设具体实际问题。它与教条主义的主要区别在于：经验主义在形式上没有否定马克思主义中国化，而取消主义的经验主义则直接否定了马克思主义中国化；其相同点是都试图以中国革命和建设具体实践的个别经验解决中国实际问题。

第四，基于实事求是的马克思主义中国化，就是坚持把马克思主义理论与中国革命和建设的具体实际相结合，用马克思主义的立场、观点和方法分析解决中国革命和建设的具体实际问题。主张解放思想，实事求是，一切从实际出发，理论联系实际，坚持在实践中坚持真理和发展真理。一方面，实事求是克服了教条主义在处理理论与实践的关系问题上滑向单一强调理论的问题，从而有效克服了不重视实践的主观主义错误倾向；另一方面，实事求是克服了经验主义在解决理论与实践的关系问题上滑向单一看重狭隘实践经验的问题，克服了不重视理论的主观主义错误倾向。实事求是的理论成果，是毛泽东思想和中国特色社会主义理论体系。

## 三、马克思主义中国化面临的新挑战

改革开放以来，马克思主义中国化研究取得重大成果，呈现出百花齐放、百家争鸣的局面，但也存在一些问题。其中，一个较大问题就在于，马克思主义中国化常常受到或“左”或右的错误思潮的干扰。

### （一）马克思主义中国化面临或“左”或右的错误思潮的干扰

马克思主义中国化的现实过程，始终伴随着各种否定马克思主义中国化的或

“左”或右的社会思潮。在当代中国高举马克思主义伟大旗帜，实质上就是坚持把马克思主义同新时期中国改革开放和社会主义现代化建设实践的具体实际及中华优秀传统文化相结合，全面实现马克思主义中国化，用中国化的马克思主义理论成果——中国特色社会主义理论，指导中国的改革开放和社会主义现代化建设的具体实践。实践证明：只有坚持马克思主义中国化，用中国化的马克思主义理论成果指导中国的改革开放和社会主义现代化建设的具体实践，才是真正的坚持马克思主义。

当前，马克思主义中国化面临“左”倾教条主义思潮的干扰。这种“左”的思潮的主要错误在于否定马克思主义中国化，拒绝把马克思主义同新时期中国改革开放和社会主义现代化建设实践的具体实际及时代特征相结合，不顾新时期中国改革开放和社会主义现代化建设实践的具体实际及历史环境，用马克思主义经典作家的“语录标准”作为解决新时期中国改革开放和社会主义现代化建设实践具体问题的答案。对此，邓小平精辟地指出：“绝不能要求马克思为解决他去世之后上百年、几百年所产生的问题提供现成的答案。列宁同样也不可能承担为他去世以后五十年、一百年所产生的问题提供现成答案的任务”[①]，“一个党，一个国家，一个民族，如果一切从本本出发，思想僵化，迷信盛行，那它就不能前进，它的生机就停止了，就要亡党亡国”[②]。“左”的教条主义思潮把马克思主义的文本当作抽象的教条，拘泥于马克思主义经典作家针对特定历史环境中的特定历史事件所作出个别词句的判断和预测，没有准确理解马克思主义理论体系，拒绝马克思主义中国化，没有把马克思主义理论同中国实际相结合，不懂得运用马克思主义的立场、观点和方法分析与解决中国的实际问题。

当前，马克思主义中国化面临右倾机会主义思潮的干扰。右的思潮的错误不仅在于否定马克思主义中国化，而且在于否定马克思主义理论本身。右的思潮最具有代表性的是新儒学派和以新自由主义为主要代表的资产阶级自由化思潮。一方面，新儒学派主张用传统儒家思想儒化中国，取代马克思主义和马克思主义中国化。儒化中国，实质上是用西汉以来中国封建社会主流意识形态的传统儒家思想，取代当前中国特色社会主义主流意识形态。另一方面，以新自由主义为主要代表的资产阶级自由化思潮，却抛出“只有民主社会主义才能救中国”，全盘否定马克思主义中国化的理论与实践，搞资产阶级自由化，用“民主社会主义”取代“中国特色社会主义”，全盘否定中国特色社会主义道路。但正如邓小平所指出的：“所谓资产阶级自由化，就是要中国全盘西化，走资本主义道路。”[③]历史证明：只

①《邓小平文选》第3卷，人民出版社1993年版，第291页。
②《邓小平文选》第2卷，人民出版社1994年版，第143页。
③《邓小平文选》第3卷，人民出版社1993年版，第207页。

有坚持马克思主义中国化才是真正坚持马克思主义，只有中国特色社会主义才能救中国；“人道的、民主社会主义”是苏联解体和东欧剧变的罪魁祸首。

### （二）研究马克思主义中国化需不需要坚持以马克思主义为指导

马克思主义中国化作为一个学科、专业，应该如何坚持马克思主义的指导？一些人认为，这似乎不是一个问题，甚至有人说“用马克思主义指导马克思主义中国化研究”，是一个同语反复的伪命题。这种观点认为，马克思主义中国化本身就是马克思主义的一部分，所有的马克思主义中国化都是坚持马克思主义科学的世界观和方法论。

在马克思主义中国化的研究中，如何摆脱“左”倾教条主义和右倾虚无主义幻象缠绕，这并不是一个伪问题，而是一个亟待反思和研究的问题。我们认为，至少存在三个亟待澄清的问题。第一，马克思主义的个别词句和论断本身不等于马克思主义的立场、观点和方法。第二，要真正弄清楚什么是马克思主义，正如邓小平精辟地指出：“马克思主义是什么，过去我们并没有完全搞清楚。”[①]第三，马克思主义中国化本身不是一个固定的概念，马克思主义中国化所研究的内容、所面对的问题是随着中国改革开放和社会主义现代化实践本身的变化而变化的，所谓“回到马克思”，试图从马克思文本中找到马克思主义中国化的研究方法，这种脱离当前中国实际和时代特征的研究方法，在逻辑上和现实上都是不可能的。

在清楚这些前提的条件下，我们认为在马克思主义中国化研究中坚持马克思主义的指导地位，需要搞清楚什么是马克思主义，需要关注马克思主义与中国改革开放和社会主义现代化建设具体实际相结合的新动向，必须对当前否定马克思主义中国化的或“左”或右的各种社会思潮保持高度政治敏锐性，必须强化马克思主义一级学科整体意识。

## 四、以综合创新的方式增强马克思主义中国化的自信自觉

在各种理论武器不断出现的幻象现实空间中，如何高举马克思主义伟大旗帜和自信自觉实现马克思主义中国化，这无疑是当前理论武器的多样性选择镜像与增强马克思主义中国化历史必然性的自信自觉研究无法逃避的重大问题。为此，我们提出以综合创新的方式增强马克思主义中国化的自信自觉，并就综合创新当前马克思主义中国化的自信自觉研究指出需要注意的几条原则。

---

①《邓小平文选》第3卷，人民出版社1993年版，第137页。

### （一）坚持现实性和学术性相结合

马克思主义中国化建构是沿着政治性和学术性这两条相互关联的路径进行的，因而，它具有现实性和学术性两种不同的特性。马克思主义中国化的“现实性”着眼于通过政党转化为实践的纲领、策略等的思想体系，马克思主义中国化理论的“学术性”着眼于以学术民主和学术自由为原则，从学术的角度对这种“现实性”思想体系是否具有科学性、合理性、合法性进行理论上的辨析和研究。

马克思主义中国化的研究应注重把现实性与学术性有机统一起来，并在研究中保持现实性与学术性之间的一定张力。一方面“不能用‘现实化形态’所要求的政治权威性侵害或代替‘学术化形态’所要求的学术权威性，更不能用前者所贯彻的政治原则取代后者所贯彻的学术原则，也就是不能用政治的权威性和政治原则不正当地干预正常的学术研究和学术争论，以防止学术异化”①；另一方面“也不能把‘学术化形态’所要求的学术权威性和学术规范完全贯彻到‘现实化形态’的运作过程中。‘现实化形态’的理论实际上已经成为实践意志的理论，必须毫不迟疑地贯彻下去，而不受无休止的学术争论的影响或干预，更不能用学者个人的不同学术观点来对抗它的实行”②。

### （二）坚持理论与实际相结合

毛泽东在《反对本本主义》中精辟地指出：“马克思主义的‘本本’是要学习的，但是必须同我国的实际情况相结合。我们需要‘本本’，但是一定要纠正脱离实际情况的本本主义。”③这就是说，马克思主义不是抽象的教条，而是我们进一步研究和解决中国实际问题的行动指南，要用马克思主义的立场、观点和方法去分析与解决中国的实际问题，自信自觉地把马克思主义理论同我国实际相结合。

理论与实际相结合是马克思主义的一条最基本的原则和方法。邓小平强调：“我们坚信马克思主义，但马克思主义必须与中国实际相结合。只有结合中国实际的马克思主义，才是我们所需要的真正的马克思主义。”④这就是说，只有把马克思主义理论与中国实际相结合，高度自信自觉实现马克思主义中国化，并高举符合中国实际的马克思主义，才是真正坚持马克思主义。“左”倾教条主义的理论渊源是把马克思主义理论与中国实际割裂开来，试图在马克思主义经典作家书本中寻找解决中国实际问题的答案，倡导的是脱离中国实际的抽象空洞的马克思主义

---

① 陈晏清：《陈晏清文集》，天津人民出版社 2007 年版，第 77 页。

② 陈晏清：《陈晏清文集》，天津人民出版社 2007 年版，第 78 页。

③《毛泽东选集》第 1 卷，人民出版社 1991 年版，第 111—112 页。

④《邓小平文选》第 3 卷，人民出版社 1993 年版，第 213 页。

本本，这不是真正坚持马克思主义。右倾机会主义的理论渊源也是把理论与实际对立起来，局限在中国革命和建设具体实践的狭隘个人经验，停滞在感性认识阶段，没有自信自觉运用马克思主义的立场、观点和方法，通过抽象逻辑思维，将经验性的感性认识上升到理性认识的马克思主义理论高度，从而坚持和发展马克思主义。因此，“左”倾教条主义和右倾机会主义的错误都是没有坚持将马克思主义理论与实际相结合，否定马克思主义中国化，没有坚持符合中国实际的马克思主义。

### （三）以中国实际问题为中心研究马克思主义中国化

研究马克思主义中国化要“以实际问题为中心”。邓小平精辟地指出：“二十年的历史教训告诉我们一条最重要的原则：搞社会主义一定要遵循马克思主义的辩证唯物主义和历史唯物主义，也就是毛泽东同志概括的实事求是，或者说一切从实际出发。”①马克思主义中国化研究需要以中国实际问题为中心，坚持理论与实际相结合，在具体实际实践中坚持和发展马克思主义理论。

毛泽东同志非常重视中国实际问题，并高度自信自觉地以实际问题为中心研究马克思主义中国化。在改革开放和社会主义现代化建设新时期，以邓小平同志为核心的党的第二代中央领导集体，坚持以改革开放和社会主义现代化建设实践的具体实际问题为中心，创造性地回答了“什么是社会主义、怎样建设社会主义”这一时代问题。以江泽民同志为核心的党的第三代中央领导集体自信自觉地以中国实际问题为中心研究马克思主义中国化，创造性地回答了时代提出的“建设一个什么样的党、怎样建设党”这一重大实际问题。以胡锦涛同志为总书记的党中央高度自信自觉地以中国经济社会发展面临的新情况和新实际问题为中心，创造性地回答了中国要“实现什么样的发展、怎样发展”的重大实际问题。因此，我们认为，马克思主义中国化的核心问题是以中国的实际问题为中心，把马克思主义基本原理同中国实际相结合，坚持符合中国实际的马克思主义理论，实现马克思主义中国化理论成果的推陈出新。

### （四）增强研究范式的综合创新

为了进一步巩固中国化马克思主义理论意识形态的主导地位和马克思主义中国化研究的自信自觉，当前党中央全面实行马克思主义理论研究和建设工程。把马克思主义理论提升到一级学科的高度，并把马克思主义中国化纳入马克思主义一级学科下的二级学科来建设。树立马克思主义一级学科整体意识研究马克思主

---

①《邓小平文选》第3卷，人民出版社1993年版，第118页。

义中国化需要特别注意的问题是，要厘清马克思主义理论与中国实际问题及时代特征、中西方文化之间的辩证关系。另一个需要特别注意的问题是，要厘清意识形态与学术之间的关系，既不能以学术研究为由否定意识形态，也不能以外在意识形态干预代替学术研究的内在逻辑。

我们认为，应以马克思主义原理为灵魂、以马克思主义基本原理与中国实际及时代特征相结合为内容、以具有国际文化视野的中国民族文化为形式的马克思主义中国化综合创新体系，全面加强马克思主义中国化研究范式的综合创新。这就需要深入研究马克思主义的基本原理、发展史，以及全面把握当代马克思主义最新学术研究动态，在此基础上准确全面地把握马克思主义基本原理体系；解放思想、实事求是，一切从中国实际问题出发，自信自觉地把马克思主义基本原理同中国实际及时代特征相结合，自信自觉地推进马克思主义中国化进程；借鉴吸收国际上各个民族文化的精髓，并将其融入我国传统民族文化精髓之中，使中国化的马克思主义理论成为广大人民群众喜闻乐见的、具有国际文化视野的中国民族文化形式，从而有效地推进中国马克思主义大众化和通俗化，使更多的人真真切切感受到学习中国马克思主义“无用才是大用”，并发自内心乐于学习中国马克思主义、运用中国马克思主义。

# 文化认同视域下的马克思主义中国化*

孙多玲　徐成芳

【摘　要】马克思主义中国化的过程，就是马克思主义在世界历史和中国文化背景下为中国人不断认同并日益丰富和发展的过程。其中，中华优秀传统文化基因之传承与保留是马克思主义中国化落地生根的文化前提；中国社会发展进步的现实需求是马克思主义中国化的实践基础。当今世界，文化全球互动的迅猛发展给马克思主义中国化带来了新的机遇和挑战，坚持唯物史观及辩证法思想仍是新时期马克思主义中国化的重要理论武器。

【关键词】文化认同　马克思主义中国化　传统文化　现实需求　全球化

马克思主义传入中国已逾百年，这种来自西方的文化成果与中国文化实现了超越时空的融合。从文化融合的角度看，与东汉时期佛教传入后的中国化进程相类似，佛教与儒道文化融合后，形成了中国传统文化儒释道“三位一体”的文化格局，影响了中国文化传统的历史走向。马克思主义与中国传统文化的碰撞及融合，构建了中国文化领域的全新认同格局。马克思主义是中国特色社会主义文化的核心。从文化认同的视角重新梳理并诠释马克思主义中国化的演进历程，对应对新时期文化全球化迅猛发展给马克思主义中国化带来的冲击与挑战，建设中国特色社会主义文化及培养践行社会主义核心价值观具有重要的意义。

＊本文系以下项目的阶段性成果：国家社会科学基金项目“坚持马克思主义在我国意识形态领域指导地位深层次研究”（项目编号：09BKS039）；辽宁省高校党建理论研究重大项目“巩固高校意识形态领导权、管理权、话语权研究”（项目编号：GXDJ2014-A003）；教育部青年基金项目“文化与认同：思想政治教育实践机制的深层理论探究”（项目编号：12YJC710070）。

## 一、中华优秀传统文化是马克思主义中国化落地生根的文化前提

马克思主义传入中国之际，正值中国社会各种思潮不断出现，有志之士为救亡图存艰苦探索的关键时期。中国先进的知识分子在流派纷呈的学说中认同马克思主义，并不是简单的历史巧合，而是有着深刻的文化渊源。马克思曾从历史发展演进的角度指出："人们自己创造自己的历史，但是他们并不是随心所欲地创造，并不是在他们自己选定的条件下创造，而是在直接碰到的、既定的、从过去承继下来的条件下创造。一切已死的先辈们的传统，像梦魇一样纠缠着活人的头脑。"①

受传统文化浸润与熏陶的中国知识分子，不可能完全抛却本国文化传统，只能在自身已有的认知基础上学习和接受马克思主义。恰恰是中国传统文化与马克思主义具有相似的文化基因，让中国的知识分子在接触马克思主义时，在理性认知上具备了历史铺垫。恰如梁启超所说："社会主义自然是现代最有价值的学说……这种精神，不是外来的，原是我所固有。"②具体而言，马克思主义与中国传统文化的相通之处体现在以下两个方面。

### （一）在本体论和方法论上具有暗合的"唯物"和"辩证"品质

马克思主义的辩证唯物主义、历史唯物主义深刻揭示了自然界、人类社会和人的思维领域的客观规律。马克思主义主张世界的本原是物质，物质决定意识，经济基础决定上层建筑，同时承认意识对物质、上层建筑对经济基础有反作用。在方法论层面，马克思主义将黑格尔辩证法的合理内核立于唯物主义之上，主张物质世界是普遍联系和不断变化的统一整体，提出了对立统一、否定之否定、质量互变等规律是事物发展变化的基本规律。

中国传统哲学中朴素的唯物主义，虽没有上升到马克思主义哲学的高度，但中国先哲对世界本原的探索，却与马克思主义的唯物主义世界观与辩证法思想有所暗合。《管子·水地篇》一书指出："水者，何也？万物之本原也。"这种朴素的唯物主义思想与马克思的唯物主义具有相通之处。至于辩证法，中国古代哲学经典《周易》记载，"日新之谓盛德，生生之谓易"、"刚柔相推，变在其中矣"（《系辞传·下》）。《易经》主张万物永恒变化并不断更新，产生变化的根本原因是矛盾

---

①《马克思恩格斯选集》第1卷，人民出版社2012年版，第669页。

② 梁启超：《梁启超选集》上卷，中国文联出版社2006年版，第445页。

的交替和相互转化。"阴阳五行"观念中，水、木、金、火、土这五行相生相克，形成了世界的天地万物。万物正是在阴阳分合与五行相生相克的有序关联中不断发展。这些先哲的理论，辩证的思想意蕴非常丰富。《管子·牧民》所提倡的"仓廪实而知礼节，衣食足而知荣辱"也蕴含辩证思想，更与物质和意识的辩证关系不谋而合。

### （二）在价值论上具有相似的"入世"和"兼善"倾向

虽然马克思主义与中国传统文化是两个不同时空的文化体系，但二者所承载的人们对于美好幸福生活的价值诉求却具有本质上的相似性。马克思认为，哲学的根本任务在于"改变世界"，号召全世界无产者要联合起来，主张无产阶级"如果不同时使整个社会永远摆脱剥削、压迫和阶级斗争，就不再能使自己从剥削它压迫它的那个阶级（资产阶级）下解放出来"[①]。主张无产阶级要夺取政权，要实现人自由全面的发展。

中国传统文化同样有着积极的入世情怀。中国传统文化主张建立"人不独亲其亲，不独子其子，使老有所终，壮有所用，幼有所长，鳏寡孤独废疾者，皆有所养"的大同世界（《礼记·礼运》）。被中国古代知识分子尊奉为最高理想的"正心、诚意、修身、齐家、治国、平天下"（《大学》）、"穷则独善其身，达则兼济天下"（《孟子·尽心上》）的济世情怀，至今影响深远。虽然中国古代知识分子"安得广厦千万间，大庇天下寒士俱欢颜"的美好愿景有其阶级层面的局限性，但其积极的入世理念与马克思主义所倡导的阶级反抗、争取共产主义幸福生活的理想具有实质的相似性。在中国最早认同马克思主义并积极投身马克思主义传播的先进知识分子，如李大钊、陈独秀等，都曾是私塾先生的得意弟子，具有较高的传统文化素养。他们接受与认同和中国传统文化具有相似因子的马克思主义具有先天的优势，成为马克思主义在中国早期传播的典范人物。

## 二、中国社会发展进步的现实需求，使马克思主义在中国化过程中重构了中国人的文化认同

### （一）近代以来中国发生了两次文化认同转向

1840 年鸦片战争前，中国人拥有以儒家文化为主体的儒释道融合的文化认同。鸦片战争战败之后，面对西方的工业文明，中国传统农业文明的弊端日益显

①《马克思恩格斯文集》第 2 卷，人民出版社 2009 年版，第 9 页。

现，传统文化认同出现危机，逐渐转向认同西方文化。中国先进知识分子在上下求索救国强国之路的同时，也在积极探索重建传统文化日渐式微后的精神家园。从技术层面的“师夷长技以制夷”，到文化层面的“中学为体，西学为用”，再到制度层面的“民主”与“共和”；从对西方文化真心实意地学习到反思第一次世界大战后资本主义暴露出的弊端，中国知识分子在大量的西方社会发展学说中感到茫然。新康德主义、罗素的社会改良主义、杜威的实用主义等西方社会发展理论不断传入中国，但是，它们都没能给半殖民地半封建社会的中国知识分子指明前进之路。俄国十月革命一声炮响，给中国送来了马克思列宁主义。中国人民终于在迷茫之中找到了这种既反映西方文明成果，又摒弃资本主义负面影响的学说。唐君毅称其为“西方的反西方主义”。[①]一方面，马克思主义凝聚着西方近现代的思想启蒙、社会发展理论，同时深刻地揭露了资本唯利是图的弊端，契合了中国人寻求克服传统文化及西方文化弊端的文化心理需求。因此，马克思主义被中国的先进知识分子认为是开辟人类文化的新道路。于是，中国发生了第二次文化认同转向，即由认同西方文化转向认同马克思主义与中国文化相结合。

### （二）马克思主义中国化的过程，就是中国人对中国传统文化、马克思主义及其他西方文化在认同领域重新梳理的过程

这一过程，曲折反复。在中国的革命与建设过程中，我们犯过历史虚无主义的错误，几次将中国传统文化推入深渊；我们犯过教条主义的错误，照搬照抄马克思主义经典，对中国的革命和建设造成致命性的打击。在对待中国传统文化与马克思主义的问题上，我们达成的一致共识是“两个祖宗”都不能丢。毛泽东在党的六届六中全会上提出：“从孔夫子到孙中山，我们应当给以总结，承继这一份珍贵的遗产。”[②]毛泽东思想本身就是中国优秀传统文化与马克思主义基本原理相结合的典范。苏联解体之后，整个社会主义阵营遭受重创，中国的改革开放出现了资产阶级自由化思潮，国人对社会主义的前途和命运提出质疑与担忧。在此背景下，邓小平适时并果断地提出“老祖宗不能丢”的思想，主张：“我们搞改革开放，把工作重心放在经济建设上，没有丢马克思，没有丢列宁，也没有丢毛泽东。老祖宗不能丢啊！”[③]事实上，如果丢掉“老祖宗”，也就违背了辩证唯物主义的基本原则，中国特色社会主义也就失去了根基，成为无源之水、无本之木。在新的历史时期，世界多极化、经济全球化、文化多元化迅猛发展，全球范围内不同思

---

① 唐君毅：《中华人文与当今世界》下册，台湾学生书局1988年版，第285页。
②《毛泽东选集》第2卷，人民出版社1991年版，第534页。
③《邓小平文选》第3卷，人民出版社1993年版，第369页。

想文化交流交融、混杂、交锋更加频繁激烈。这是马克思主义中国化必须高度关注与回应的时代课题，也给马克思主义中国化带来了新的机遇与挑战。

## 三、文化全球化给马克思主义中国化带来全新的挑战

英国苏格兰阿伯丁大学社会学教授、全球研究中心主任罗兰·罗伯森指出："当代文化的生成、发展与演变是在'全球场'中进行的，不同社群、民族、国家的文化再也不是封闭的，它们在全球场中展现。不同文化的这种全球性互动和高度相关，是新科技革命的产物，也是信息网络时代的基本特征，显然，这是史无前例的。"①文化全球互动的过程，就是不同文化相互碰撞、冲突、筛选、融合的动态过程。信息网络技术的迅猛发展，为文化在全球场中相遇奠定了坚实的技术基础，也对民族文化的重新认同及马克思主义中国化的建构提出了新的挑战、提供了新的机遇。马克思主义中国化面临着全球范围内各种不同文化的冲击与挑战，要与时俱进地吸收与借鉴其他一切文化的优秀成果、丰富和发展中国文化、切实推进马克思主义中国化，进而更好地指导中国特色社会主义建设。

### （一）西方文化霸权主义战略的强势推进

**1. 马克思主义中国化必须关注和回应西方文化的强势影响**

马克思曾论述，随着资本全球化的深入发展，文化帝国主义也在强势扩张。"它的商品的低廉价格，是它用来摧毁一切万里长城、征服野蛮人最顽强的仇外心理的重炮。它迫使一切民族——如果它们不想灭亡的话——采用资产阶级的生产方式；它迫使它们在自己那里推行所谓的文明，即变成资产者。一句话，它按照自己的面貌为自己创造出一个世界。"②在一定意义上，萨义德在《文化与帝国主义》中的论述更为直接：在我们这个时代，直接控制已经基本结束，我们将要看到，帝国主义像过去一样，在具体的政治、意识形态、经济和社会活动中，也在一般的文化领域中继续存在。这种文化帝国主义战略的强势推进，是马克思主义中国化必须关注和回应的现实问题。

**2. 学习借鉴人类优秀文化，警惕西方文化的侵蚀**

我们要认识到不同文化的相互交流与借鉴是经济全球化的必然结果，具有客观的历史必然性。这种世界范围的文化交流，不仅促进整个人类文明的繁荣发展，

---

①〔美〕罗兰·罗伯森：《全球化：社会理论和全球文化》，梁光严译，上海人民出版社2000年版，第224页。

②《马克思恩格斯文集》第2卷，人民出版社2009年版，第35—36页。

也会推动世界和平的发展。与此同时，我们也要注意到在文化交流中存在强势文化与劣势文化的区别。西方强势文化利用其经济、技术、人才和舆论优势，全方位推行其自身的文化产品、价值理念、政党模式、民主制度等。这种文化交流中的霸权主义及其欺骗性、侵略性、腐蚀性和危害性，需要引起我们的高度重视。“世界范围内各种思想文化交流、交融、交锋日益频繁，意识形态领域渗透和反渗透的斗争仍然十分尖锐复杂，维护中国文化安全和意识形态安全面临新的挑战。”[①]仅以目前在中国市场畅销的美英电影、日本动漫、韩国电视剧等文化产品为例，其在中国取得较好经济效益的同时，更在民众中获得了较高的认同度，很多年轻人对英美文化、日韩文化的认同度甚至超过了对中国传统文化及中国特色社会主义文化的认同度。

**3. 坚定理想信念，增强主动性，掌握主动权，打好主动仗**

事实证明：文化产品背后传递着不同的价值理念和思维方式，对年轻人的影响较大。习近平同志在全国宣传思想工作会议上的讲话中指出：“我们正在进行具有许多新的历史特点的伟大斗争，面临的挑战和困难前所未有。”[②]“在事关大是大非和政治原则问题上，必须增强主动性、掌握主动权、打好主动仗，帮助干部群众划清是非界限、澄清模糊认识。”[③]对文化传播中的价值理念等核心问题，要有坚定的立场与理论自信。新时期马克思主义中国化，要想获得民众的认同，必须紧扣中国发展的时代脉搏，增强中国特色社会主义文化的凝聚力和感召力，创造大批群众爱听爱看、高质量、高水平的文艺作品和文化产品。通过主旋律的弘扬，正能量的传播，激发全社会团结奋进的强大力量。

## （二）国内社会思想领域呈现“多样、多元、多变”的特征

**1. 必须正视社会思想领域存在的问题**

在对外开放不断扩大和社会主义市场经济不断发展的背景下，我国社会思想更加多样、社会价值更加多元、社会思潮更加多变，人们思想活动的独立性、选择性、多变性、差异性明显增强。这促进了人们竞争意识、务实意识、开放意识、权利意识的增强，但需要注意的是，由于中国市场经济体制正处于逐步完善的阶段，贫富差距较大、道德规范的缺失、公平且可持续的社会保障制度还有待完善等一系列社会问题，也使部分人呈现精神迷茫的状态，出现一定程度

---

① 刘云山：《中国文化安全和意识形态安全面临新挑战》，2009 年 7 月 2 日，http://news.xinhuanet.com/newmedia/2009-07/02/content_11639122.htm。

② 习近平：《习近平谈治国理政》，外文出版社 2014 年版，第 155 页。

③ 习近平：《习近平谈治国理政》，外文出版社 2014 年版，第 155 页。

的信仰危机。

**2. 加强思想教育引导，培养践行社会主义核心价值观**

信仰为人们提供了生存的意义和终极的价值归宿，具有精神慰藉和情感寄托的功能。当前，中国民众正经历着深刻的经济体制变革、社会结构调整和利益格局变动。在这样的时代背景下，人们更需要精神的抚慰和道德价值取向的指引，拨开人们思想意识上的迷雾，巩固和发展健康向上的主流意识形态。2014 年 6 月，中共中央办公厅、国务院办公厅公布了包括呼喊派在内的 7 个邪教组织名单，公安部也公布了包括同一教在内的 7 个邪教组织名单。这些邪教团体涉及地域范围较广，涉及人数较多。当今时有发生的极端恐怖主义事件，更是在挑战公共安全的底线，给社会发展及社会风气带来极为不利的影响。极少数民众对邪教组织各种教理、教义的认同，反映出我们在思想政治工作方面的薄弱环节，说明当前马克思主义中国化在民众的思想教育方面还存在不足。我们对马克思主义的道德观、社会主义核心价值观在民众中的宣传和教育尚有较大的提升空间。如何有效地引导民众认同马克思主义及中国特色社会主义文化，践行“富强、民主、文明、和谐，自由、平等、公正、法治，爱国、敬业、诚信、友善”的社会主义核心价值观，是马克思主义中国化进程中急需深入系统研究并解决的问题。

## 四、着力推进马克思主义中国化

文化全球化给马克思主义中国化带来了新的挑战，但辩证地看，其中也蕴含着机遇。文化的全球互动为马克思主义中国化带来了更多的文化给养。马克思主义本身所具有的开放性、实践性与中华优秀传统文化所具有的“和而不同”的包容性及新时期中国特色社会主义文化所蕴含的改革、创新精神，使得处于文化全球互动中的马克思主义中国化，更具有理论自信。第一，我们一定要秉持平等、谦逊的态度，积极从世界不同优秀文化中寻求智慧，尊重文化的多样性，坚持平等的对话与交流，兼容并蓄、求同存异、洋为中用，着力解决改革开放和建设中国特色社会主义进程中的各种理论与现实问题，切实推进马克思主义中国化。第二，我们要充分利用文化全球互动这一机遇，利用好飞速发展的现代信息传媒及网络技术，加速推进中国文化“走出去”，扩大中国文化的影响力和吸引力，为改革开放和中国特色社会主义事业创造良好的外部环境。就此，习近平同志在中共中央政治局第十二次集体学习的讲话中明确指出：“要努力提高国际话语权。要加强国际传播能力建设，精心构建对外话语体系，发挥好新兴媒体作用，增强对外话语的创造力、感召力、公信力，讲好中国故事，传播好中国声音，阐释好中国特色。”[①]大力输出反映中国优秀文化理念和价值取向的文艺作品，大力办好孔子学院等文化交流机构，让世界更好地了解中国，是新时期马克思主义中国化的一个重要任务。

综上所述，马克思主义中国化是一个艰辛的探索过程。在这个过程中，马克思主义既要与中国本土的优秀传统文化相结合，又要开拓创新，解决中国社会发展进程中面临的实际问题。新时期的马克思主义中国化面临着更大的挑战与机遇，马克思主义理论本身所具有的与时俱进的理论品质和文化本身所蕴含的海纳百川的气度，会让文化全球互动中的马克思主义中国化取得更加辉煌的成绩。

① 习近平：《习近平的新闻舆论观》，《人民日报》（海外版）2016年2月25日，第5版。

# 关于中国共产党的发展理论与中国四波发展的思考*

徐成芳　李　博　罗家锋

**【摘　要】**中国共产党从成立到十八大之前，形成了“政权转变”、“社会改造”、“改革开放”和“科学发展”等有关中国发展的理论序列与实践序列，成功领导和推动了中国的四波发展，实现了从政权变迁、制度变迁到模式变迁和文明形态变迁的发展。从总体上看，中国共产党的发展理论和发展实践取得了辉煌的发展成就，积累了丰富的经验教训，对未来中国的发展具有深远的影响和借鉴价值。

**【关键词】**中国共产党　发展理论　中国特色社会主义

中国共产党把马克思主义基本原理同中国实际相结合，不断推进实践基础上的理论创新和实践创新，丰富和发展了马克思主义的发展观。我们认为，中国共产党从成立到十八大之前，成功领导和推动了中国的四次大发展，取得了举世瞩目的伟大成就，具有重要的反思价值。

## 一、中国共产党的发展理论与中国社会第一波转型升级

把马克思主义基本原理与中国半殖民地半封建社会的实际相结合，创立新民主主义革命理论，通过新民主主义革命的实践完成政权的转变，把中国从半殖民地半封建社会推进到新民主主义社会，实现中国社会第一波转型升级。

现在有一种片面的观点，一谈发展就是和平发展、现代化、城镇化、国际化、全球化，就谈改革开放，而忘记了一个基本前提：在“和平与发展”之前，我们有过一个“奠基礼”——“战争与革命”。那种认为“战争与革命”不是发展的观点，把“战争与革命”和“和平与发展”对立起来，违背了辩证法。“历史虚无主

＊本文系国家社会科学基金项目“坚持马克思主义在我国意识形态领域指导地位深层次研究”（项目编号：09BKS039）的阶段性成果。

义”甚至把中国革命称为“倒退”和“破坏”，否定中国近现代历史作出的选择。这些观点的共同之处，都是否定中国革命是中国发展的重要组成部分。其实，革命是解放生产力，是历史的突变，当然是发展的重要环节。回顾西方，先有资产阶级政治革命，后有资本主义产业革命的情况非常普遍。中国的发展也是一样，把“战争与革命”和“和平与发展”正确地、有机地统一起来正是中国共产党关于中国发展的认识与实践的高明之处。

从发展观的角度看，20世纪20年代中国思想界的“问题与主义之争”，其实就是关于“中国发展之争”。那么，是在马克思主义指导下彻底改造中国呢？还是不进行这种改造而在旧制度基础上直接解决一个又一个的具体问题呢？现在看来，“问题派”缺少国际政治的宏观视野和敏感性，对“战争与革命”的时代主题茫然不知或消极抵制。“主义派”共产党人则超越了当时中国资产阶级思想家的思想界限和理论水平，敏锐地把握了“战争与革命”这一主题，并把握了这一主题下中国的发展方向和历史机遇，主张用马克思主义的宇宙观来观察世界和思考中国的命运，为中华民族树立崭新的国家目标和社会理想，把中国的社会形态推进到一个崭新的高度。与同一时代的各种思潮相比，贯穿中国共产党最高纲领、最低纲领和毛泽东思想中的发展观都更正确、更完整、更优越、更有效，更有助于拯救中国，因此也更受到中国人民的拥护和选择。尽管贯穿1919年至1949年的历史，无论是思想界还是政治界，中外反动力量总是在反对共产党、抵制“赤色威胁”方面采取一致立场，然而中国共产党却赢得了中华民族发展的领导权。在抗日战争时期，毛泽东就曾分析了其中的秘密：“日本人现在叫嚷凡是反对日本帝国主义的就是共产党。但全体中国人民，除极少数卖国贼之外，都坚定不移地反对日本帝国主义。因此，在中国人民看来，如果共产主义意味着抗日，意味着民族解放斗争，那末大多数中国人民就不怕这样的共产主义，只有汉奸卖国贼的恶梦里才存在所谓的‘赤色威胁’。相反，全民族迫切需要这样的共产主义，正如饥饿的人需要大米一样。”①

从发展观的角度看，贯穿中国近现代历史的“建国方案之争”，其实也是关于中国的政治发展之争。封建帝国、傀儡政权、中华民国、中间党派主张的资产阶级共和国、中华人民共和国，这五种建国方案谁能完成反帝反封建的任务，谁就能推进中国发展，中国历史和人民就将选择它。实践证明：前四个方案不是反动的就是卖国的、妥协的、空想的，只有中华人民共和国方案，能够结束落后的生产关系、剥削压迫的阶级关系、不平等的中外关系，结束中国半殖民地半封建式的发展模式和发展进程，建立新国家，开辟新未来。以毛泽东同志为核心的党的

---

① 人民出版社编：《毛泽东一九三六年同斯诺的谈话》，人民出版社1979年版，第133—134页。

第一代中央领导集体，在理论上系统解决了在中国要实现发展为什么必须进行革命、进行什么性质的革命和怎样进行革命的问题，在实践上建立了人民民主专政的人民共和国。国民党政权的灭亡和中华人民共和国的成立，是中国实现第一波发展的重要标志。

在第一波转型升级进程中，中国共产党关于发展问题的理论重心和实践重心，不是发展经济，而是推翻“三座大山”，改变社会性质，探索一条符合中国国情的新民主主义革命道路。通过革命完成社会转型，使中国社会从较低的社会形态发展到较高级的社会形态，具有双重意义：一方面，革命是历史的火车头，革命胜利本身就是旧制度的断裂和新制度的诞生，就是跨越式的发展；另一方面，不仅社会转型升级本身就是发展，而且这种发展具有基础性和前提性，它同时能为新的发展奠定社会大前提、开辟大空间。在当时中国社会矛盾的复杂景观中，中国共产党人敏锐地把握了中国的发展困境、发展要求和发展方向。这种认识上的先进性，决定了中国共产党在未来中国政治生活中的领导地位，决定了中国共产党必将从在野党变为执政党。

## 二、中国共产党的发展理论与中国社会第二波转型升级

把马克思主义基本原理与中国新民主主义社会的实际相结合，创立中国特色的社会主义改造理论，通过社会主义改造的实践把中国从新民主主义社会推进到社会主义社会，实现中国历史上最深刻的社会变革，推动中国社会第二波转型升级。

第二波转型升级是在第一波转型升级成果基础上进行的。首先，中国共产党已经在全国范围内掌握国家政权。“中国的优秀分子一代接一代地努力应付从帝国时代晚期继承下来的国内问题，回答工业化的西方提出的历史悠久的挑战，这种努力在 1949 年达到了一个新的阶段。中央政府在这一年获得了对中国大陆的完全控制，因而实现了很长时间以来所渴望的国家统一。此外，中央政府还首次承担了国家的体制、经济和社会的全面的现代化工作。”[①]因此，新中国新社会在中国共产党领导下，没有一个生活的方面，也没有一个国内的地区不受中国共产党关于中国发展的认识和实践的影响。其次，关于发展问题的理论重心和实践重心放在巩固政权、恢复国民经济、改造与建设并举上面。第一波是破坏一个旧世界，第二波是建设一个新世界。最后，与第一波转型升级时那种长期的理论探索相比，

①〔美〕R. 麦克法夸尔、费正清编：《剑桥中华人民共和国史》，谢亮生、杨品泉、黄沫，等译，中国社会科学出版社 1990 年版，第 14 卷序。

第二波转型升级的理论准备比较充分。早在新民主主义革命时期，毛泽东就提出了著名的“两步走”理论：中国革命第一步是新民主主义革命，第二步是社会主义革命，中间不许横插一个资本主义阶段。七届二中全会初步规划了“两步走”的衔接问题，指出：“革命在全国胜利以后，党的第一个根本任务是要稳步地促进相互联系的两个转变，一是由农业国向工业国转变……一是由新民主主义社会向社会主义社会转变。”[①]至于在什么条件下、从什么时候开始、采取什么方式去实现两个转变，党中央、毛泽东在中华人民共和国成立之初提出过一些设想，后来随着客观形势的变化和发展又进行了新的思考。这种理论认识上的科学性、自觉性和超前性，对实现中国社会发展的第二波转型升级具有重要的指导意义。

毛泽东在中华人民共和国成立前夕提出：“我国在经济上完成民族独立，还要一二十年时间。我们要努力发展经济，由发展新民主主义经济过渡到社会主义。”[②]当时设想，先经过 10 年到 15 年的新民主主义经济建设，再采取实际的社会主义步骤，从容地进入社会主义。但是，经过中华人民共和国成立之后前三年的努力，到 1952 年中国经济内部的关系发生了一些重大变化。公私经济所占比重有了根本性变化：在全国工业（不包括手工业）总产值中，国营工业从 1949 年的 34.2%上升到 52.8%，私营工业从 1949 年的 63.3%下降到 39%。在社会商品批发总额中，国营商业从 1950 年的 23.2%上升到 60.5%。这表明社会主义性质的国营经济在整个国民经济中的领导地位更为巩固了。[③]随着实践的发展，中国共产党对中国发展的认识也逐步深化。看来，不用经过 10 年到 15 年的新民主主义经济建设时期之后再向社会主义社会过渡，而是中华人民共和国成立以后的新民主主义建设时期，同时就成了从新民主主义转变到社会主义的过渡时期。我国新民主主义社会是属于社会主义体系的和逐步过渡到社会主义社会的过渡性质的社会。这无疑是一个认识上的飞跃。于是，1953 年底正式提出：从中华人民共和国成立到社会主义改造基本完成，这是一个过渡时期。党在这个过渡时期的总路线和总任务，是要在一个相当长的时期内，逐步实现国家的社会主义工业化，并逐步实现国家对农业、对手工业和对资本主义工商业的社会主义改造。过渡时期总路线的提出，在中国共产党对中国发展的认识史上和中华人民共和国历史发展上均具有重要的意义。它是在新的实践基础上，正式确认：“改变原来的设想，不是等待长

---

① 中共中央党史研究室编：《中国共产党历史》第 2 卷，中共党史出版社 2011 年版，第 182、186—187 页。

②《毛泽东文集》第 5 卷，人民出版社 1996 年版，第 146 页。

③ 中共中央党史研究室：《中国共产党的九十年》（社会主义革命和建设时期），中共党史出版社、党建读物出版社 2016 年版，第 415 页。

期准备之后再采取实际的社会主义步骤，而是现在就采取社会主义工业化和社会主义改造同时并举的方针，充分利用三年来所创造的经济、政治条件，实行以多种过渡形式改造个体经济和私人资本主义经济的具体政策，积极而又循序渐进地完成经济上的社会主义革命任务，初步确立社会主义的经济基础和基本经济制度。这是党依据新中国成立后经济、政治条件的新变化而作出的重大决策，是党的总路线、总任务及发展战略上的重大转变，是符合新中国社会发展的实际和规律的。”①

1953年元旦，党和政府通过《人民日报》社论向全国人民宣布，我国开始执行国家建设的第一个五年计划。1954年9月，周恩来在第一届全国人民代表大会第一次会议上指出：由于第一个五年计划已经开始执行，“经济建设工作在整个国家生活中已经居于首要的地位”②。全党和全国人民把注意力集中到实现社会主义工业化的任务上来，以极大的热情投入大规模有计划的经济建设之中。伴随工业化建设，“三大改造”成功推进。

到1956年底，中国共产党领导的人民民主专政的国家政权更加巩固，经济上社会主义公有制形式在国民经济中占据主导地位，意识形态上马克思主义的指导地位更加牢固，中国进入了社会主义，实现了中国历史上最深刻的发展变化。

## 三、中国共产党的发展理论与中国社会第三波转型升级

把马克思主义基本原理与中国社会主义初级阶段的实际相结合，探索、创立中国特色社会主义理论，通过中国特色社会主义建设的实践，突破传统社会主义建设模式，建立中国特色的小康社会，实现中国社会第三波转型升级。

第一，在社会主义建设的艰辛探索中积累发展的正反两方面经验教训，为指导思想上的拨乱反正，以及实行改革开放和进行现代化建设提供了借鉴。

1956年，中国共产党领导人民跨入了社会主义初级阶段。与第二波转型升级时中国共产党关于发展问题的理论重心和实践重心有所不同的是，这一阶段围绕的主题是“什么是社会主义，怎样建设社会主义”。中共八大正确分析了进入社会主义初级阶段以后中国社会的主要矛盾，提出了一系列正确解决矛盾的方针。这为探索建设社会主义规律，开了一个好头。但是，后来的历史证明，当时全党对社会主义初级阶段中国社会的主要矛盾的共识还是不成熟的，对迅速到来的新生

---

① 中共中央党史研究室编：《中国共产党历史》第2卷，中共党史出版社2011年版，第186—187页。

②《周恩来选集》下卷，人民出版社1984年版，第133页。

的社会主义社会缺乏足够的思想准备和理论准备。八大二次会议上，关于阶级斗争形势的估计又严重起来。于是，对社会主义建设出现了两种探索倾向，积累了两种结果。成功与挫折交替，正确与失误交织，充分表现了党探索社会主义建设历程的复杂性。

首先，正确的探索和积极的成果。关于我国社会主义发展的目标，提出要独立自主、自力更生，建立独立的比较完整的工业体系和国民经济体系；提出实现“四个现代化”的总任务和“两步走”的发展战略步骤；经过“大跃进”的严重挫折后，对社会主义的长期性有了比较清醒的认识，估计建设社会主义强国需要100年或者更长的时间。关于社会主义政治建设，提出要调动一切积极因素，团结一切可以团结的力量，共同建设社会主义；要把正确处理人民内部矛盾作为国家政治生活的主题。关于社会主义经济建设，提出要把党和国家的工作重点转到技术革命和社会主义建设上来；既要反对保守又要反对冒进，在综合平衡中稳步前进。关于社会主义经济体制，提出生产关系的变革不能超越历史发展阶段；社会主义社会必须大力发展商品生产和商品交换，尊重价值规律，坚持按劳分配。关于教育科技文化，提出“百花齐放，百家争鸣”的方针，肯定我国知识分子的大多数已经是劳动人民的一部分；指出科学技术现代化在我国现代化中具有关键性作用。关于党的建设，提出执政党建设问题，强调要坚持民主集中制和集体领导制度，反对个人崇拜，加强党内监督，发扬党内民主，加强党和人民群众之间的联系。这些正确认识，有些在当时实行过并取得明显成果，有些在实行过程中没有贯彻到位，有些则因出现背离的情况而导致在实践中陷入偏差，但都是积极成果。相当一部分成果直到“文化大革命”时期仍然在广大干部群众中发挥作用，并对“文化大革命”结束后进行指导思想上的拨乱反正，对实行改革开放和进行现代化建设，都具有重要的借鉴意义。①

其次，探索中的曲折和教训。由于社会主义建设事业刚刚起步，其规律性还没有充分显现，使得一些正确认识在实践中不易坚持下去，甚至出现反复。“一九五七年后，‘左’的思想开始抬头，逐渐占了上风。”②因此，“赶超战略”就提出了，“大跃进”的方针就确定了，“共产风”“高指标”“瞎指挥”的情况就出现了。对于什么是社会主义和怎样建设社会主义，常常只从马克思主义关于社会主义的已有论述中去理解，甚至照搬某些结论，以马克思主义对未来社会的某些设想来衡量现实生活。把马克思主义教条化，把过去革命年代的经验绝对化，思维方式和工作方法明显地表现为传统惯性和路径依赖，表现为脱离实际、超越阶段的主

① 中共中央党史研究室编：《中国共产党历史》第2卷，中共党史出版社2011年版，第738—740页。

②《邓小平文选》第3卷，人民出版社1993年版，第115页。

观主义，而不是表现为坚持基础上的创新。社会主义建设事业的第一个十年的“左”倾错误，虽然暂时地被限制在一定范围内，还没有达到支配全局的程度，但是也未得到有效阻止。“左”倾错误进一步发展，最终导致“文化大革命”的发生。在“以阶级斗争为纲”的口号下，国家政治生活陷入严重内乱，对国民经济产生了极大破坏。“二十年的经验尤其是‘文化大革命’的教训告诉我们，不改革不行，不制定新的政治的、经济的、社会的政策不行。”①

需要注意的是，在探索过程中两种倾向都自认为是坚持了马克思主义基本原理与中国社会主义初级阶段实际的结合，难分真假对错。哪些是真理？那些是谬误？当时并不是很清楚。正确的可能遭到批判，错误的可能被当作真理坚持。最后，这一段历史中的是非最终不是由伟人言论而是由社会实践做出了判断。

第二，把马克思主义基本原理与中国社会主义初级阶段的实际相结合，正式创立中国特色社会主义理论体系，并确立其指导地位，推进以改革开放为鲜明特色的发展主题、发展战略和发展进程。

正反两方面的经验教训，使人们认识到：极“左”思潮影响下的发展主题、发展战略、发展进程，不符合社会主义初级阶段的实际。因为它没有清楚认识到中国正处于并将长期处于社会主义初级阶段，其主张和实践都表现为超越阶段，表现为冒进，要“跑步进入共产主义”。改革开放以后，资产阶级自由化思潮主张的发展主题、发展战略、发展进程，同样不符合社会主义初级阶段的实际，因为它否定中国对社会主义制度的选择，主张离开社会主义搞资本主义、搞民主社会主义。因此，把马克思主义基本原理与中国社会主义初级阶段的实际相结合，正式创立中国特色社会主义理论体系，并确立其指导地位，推进以改革开放为鲜明特色的发展主题、发展战略和发展进程具有重大意义。

首先，如何引领“文化大革命”后的社会思潮，成为决定中国发展的关键。“文化大革命”结束后，“中国向何处去”的发展问题再次摆在党、国家和人民面前。华国锋同志虽然完成了粉碎“四人帮”的政治任务，却没能承担起开创历史新局面的重任。“两个凡是”又制造了新的迷信和精神枷锁。但是，“文化大革命”以其巨大的悲剧性教育了党和人民，认识到“文化大革命”绝不可以重演。广大群众在“文化大革命”后期就厌烦了无休止的政治折腾，对极“左”路线开始怀疑和不满，人心思定。经历“文化大革命”破坏的中国社会，呼唤真理、呼唤自由、呼唤创新，中国进入了思想活跃时代。人们开始摆脱“旧框框”的束缚，放眼看世界，重新思考国家走向和个人出路。各种意见交锋碰撞，百花齐放。

其次，重新确立实事求是的思想路线，开启社会主义建设的新航程。1978 年 5 月在全党内外展开的真理标准问题大讨论，从根本理论上否定了“两个凡是”

---

①《邓小平文选》第 3 卷，人民出版社 1993 年版，第 226 页。

的错误思想，号召人们彻底打破“四人帮”加在身上的精神枷锁，要勇于追求真理，勇于实践。党的十一届三中全会正式重新确立了实事求是的思想路线，决定抛弃“以阶级斗争为纲”，把党和国家的工作重心转移到经济建设上来，直接开启了改革开放的航程，触及了经济管理体制、社会体制、政治体制的改革，打开国门迎接世界新技术革命和经济全球化的挑战。这是中华人民共和国成立以来中国共产党和中国人民在社会主义道路的探索中历经坎坷而积聚的思想、理论、实践力量的集中释放和总结，是中国共产党历史上具有深远意义的伟大转折，是中国社会发展史上的里程碑。[①]

最后，创立中国特色社会主义理论体系，并确立其指导地位。中国特色社会主义理论具有明显的渐进性和建构性。由党的十一届三中全会开启的这一建构过程，后来经历了几个重要的关键节点：党的十三大完整论述了中国特色社会主义理论，党的十四大确立了社会主义市场经济的经济改革目标，党的十五大确立了邓小平理论的指导地位，党的十六大阐述了“三个代表”重要思想并写入党章，并提出建设小康社会的宏观目标和构建和谐社会的任务。在此期间，以邓小平同志为主要代表的中国共产党人，准确把握“和平与发展”的时代主题，制定“一个中心、两个基本点”的基本路线，通过改革开放和发展中国特色社会主义，制定了分“三步走”基本实现社会主义现代化的发展战略，提出了社会主义的根本任务是解放和发展生产力、发展才是硬道理、解决中国所有问题的关键在发展、“两手抓、两手都要硬”等一系列重要思想，使中国共产党的发展观发生了一次重大的飞跃，推动了改革开放和现代化建设事业的迅速发展。党的十三届四中全会以后，以江泽民同志为主要代表的中国共产党人，提出了把发展作为党执政兴国的第一要务，坚持用发展的办法解决前进中的问题，建立社会主义市场经济体制，实施依法治国、科教兴国、可持续发展、西部大开发等重大战略，不断推进社会主义物质文明、政治文明和精神文明建设，促进人的全面发展，使我们党的发展观得到了进一步丰富和发展。党的指导思想不断与时俱进，理论的创新和实践的创新相互促进，理论的发展和实践的发展相得益彰，展现出良性互动的大好局面。

中国特色社会主义理论体系的最终形成和发展，指导推进了另一场革命——改革开放。高度集中计划的社会主义建设模式让位给社会主义市场经济建设模式，党和国家的领导制度、科教文卫和社会管理等的体制机制都发生了深刻的变化。国家的面貌、综合国力、国际地位等都跃上了一个崭新的台阶，根据“三步走”战略，在2000年我国总体上进入社会主义的小康社会。

---

① 国家发展改革委经济体制综合改革司、国家发展改革委经济体制与管理研究所编：《改革开放三十年：从历史走向未来》，人民出版社2008年版，第13页。

## 四、中国共产党的发展理论与中国社会第四波转型升级

把马克思主义基本原理与中国全面建设小康社会的实际相结合，创立科学发展观，建设生态文明，通过科学发展的实践，推动中国以人为本、全面协调可持续地发展，实现中国社会第四波转型升级。

跨入21世纪，我国进入了一个新的发展阶段，即从实现第二步战略目标转到实施第三步战略部署，首先是用20年左右时间全面建设小康社会的阶段。2003年暴发的“非典”疫情警示我们，发展必须是以人为本的发展、科学的发展，小康社会必须是全面发展的小康社会。党的十七大分析了一系列新的阶段性特征后指出：“经过新中国成立以来特别是改革开放以来的不懈努力，我国取得了举世瞩目的发展成就，从生产力到生产关系、从经济基础到上层建筑都发生了意义深远的重大变化，但我国仍处于并将长期处于社会主义初级阶段的基本国情没变，人民日益增长的物质文化需要同落后的社会生产之间的矛盾这一社会主要矛盾没有变。”[①]针对“两个重大变化”和“两个没有变”的客观实际，借鉴国内外发展经验，党中央提出了科学发展观，强调我们必须始终保持清醒头脑，立足社会主义初级阶段这个最大的实际，科学分析我国全面参与经济全球化的新机遇新挑战，全面认识工业化、信息化、城镇化、市场化、国际化深入发展的新形势新任务，深刻把握我国发展面临的新课题新矛盾，更加自觉地走科学发展道路，奋力开拓中国特色社会主义更为广阔的发展前景。“科学发展观，第一要义是发展，核心是以人为本，基本要求是全面协调可持续，根本方法是统筹兼顾。”[②]

党的十七大在十六大确立的全面建设小康社会目标的基础上，对我国发展又提出了五个方面的新要求：一是要增加发展协调性，努力实现经济又好又快发展；二是扩大社会主义民主，更好保障人民权益和社会公平正义；三是要加强文化建设，明显提高全民族文明素质；四是要加快发展社会事业，全面改善人民生活；五是要建设生态文明，基本形成节约能源资源和保护生态环境的产业结构、增长方式、消费模式。这样就构成了实现全面建设小康社会经济、政治、文化、社会、生态五个方面的目标体系。贯彻落实科学发展观，我国将实现小康社会的全面升级，中国将由低水平不均衡的小康国家升级为工业化基本实现、综合国力显著增强、国内市场总体规模居世界前列、人民生活富裕程度普遍提高、生活质量明显改善、生态环境良好、人民享有更加充分民主权利、具有更高文明素质和精神追求、各方面制度更加完善、社会更加充满活力而又安定团结、对外更加开放、为

① 本书编写组编：《十七大报告辅导读本》，人民出版社2007年版，第14页。
② 本书编写组编：《十七大报告辅导读本》，人民出版社2007年版，第14页。

人类文明作出更大贡献的国家。

特别应该指出的是，与许多西方国家的执政党在议会中拒绝讨论生态文明建设相关议题不同，中国则把建设生态文明写进执政党的报告和中央政府的发展规划。党的十七大明确提出把生态文明建设作为全面建设小康社会的重要目标，生态文明建设的约束性指标已经分别纳入国家“十一五”、“十二五”和中长期发展规划。这是中华民族面对全球日益严峻的生态环境问题作出的顺应时代发展的庄严承诺。国内外有远见的学者对此给予了高度评价，并进一步作出更加积极的判断和期待。作为具有后发优势的大国，中国既要从实际出发又要放眼未来，坚持真理引领、正义价值引领和科技创新引领，努力成为走新型工业化道路实现生态文明的典范。

## 五、中国共产党发展理论与中国社会发展变化演进机理及启示

第一，纵观中国共产党的发展理论与中国社会发展变化的演进机理，归根结底还是马克思主义与中国实际相结合，也就是对马克思主义关于社会发展学说的坚持、运用、发展和创新。马克思主义社会发展理论的最根本的东西就是建立社会主义，发展社会主义，最终实现共产主义。中国共产党关于中国发展的理论和实践都是围绕中国建立社会主义、发展社会主义，最终实现共产主义展开的。中国共产党的发展理论其理论属性、理论品质是马克思主义的。这一条具有根本性、方向性、战略性特征，确保了中国不走资本主义道路、不走民主社会主义道路，只走中国特色的社会主义道路。

第二，在中国共产党的发展理论与中国社会的发展变化之间，始终体现出党把握规律和遵循规律的坚定性、艰巨性与复杂性。中国共产党是一个坚强有力的政党，始终坚持发展进步，反对落后保守，坚持辩证发展的哲学观，认为事物发展的总方向、总趋势是前进的、上升的，事物发展的具体道路又是曲折的、迂回的，事物自我发展过程是前进性和曲折性、上升性和回复性的对立统一。因此，中国共产党能够反对历史循环论和历史直线论，能够反对“顶峰”、“绝对”和“永恒”之类的东西，能够与肯定一切或否定一切的绝对化态度划清界限，坚持科学分析。实践已经证明：在一个历史时期，面对同样一个社会现实，往往同时存在相互矛盾甚至截然对立的多种判断、多种思潮、多种理论。理论探索本身也可能出现失误甚至错误，并进而导致错误的实践。因此，特别需要一脉相承、层层递进的主导性理论，对社会发展方向、模式、进程加以准确把握。中国共产党的发

展理论既源于中国社会的发展变化，又推动、规范和引领中国社会的发展变化。

第三，中国共产党的发展理论和实践属于科学社会主义理论与实践的重要组成部分，因此在世界范围内具有优越性和远大前途。按照京都学派的见解，社会主义的兴起是人类社会继唐宋之变、西方崛起后的第三次大转型，是对西方崛起的第二次现代转型的批判和扬弃。社会主义是人类发展的方向，而中国已经成为这种发展大方向的忠实践行者和引领者，将为人类社会的发展树立新的典范。

综上所述，中国共产党成立以来，纵跨“战争与革命”、“和平与发展”两大时代，面对中国发展实践不断提出的重大问题和考验，进行了坚持不懈的探索，不断把马克思主义基本原理与中国革命、建设和改革的实践相结合，正确回答了这些问题并把它们总结升华为理论成果。毛泽东思想和中国特色社会主义理论体系的形成发展过程，也就是关于中国发展的认识和实践的过程。同时，必然成为关于今后中国发展的认识和实践必须纪念、回顾与反思的过程。

# “千面马克思”遮蔽的非马克思主义话语倾向

## ——兼论加强马克思主义对思想政治教育的指导*

罗家锋　徐成芳

**【摘　要】**什么是马克思主义？这无疑是思想政治教育研究的首要的和基本的问题。随着斯大林教条主义意识形态体系已被中国马克思主义和西方马克思主义两大解读范式所打破，在当前学术棱镜折射下，中国思想政治教育研究范式在实现从“全民皆马”到“千面马克思”的嬗变后，面临着“中介化”解读模式所导致的非马克思主义话语倾向的挑战，尚需全面摆脱对马克思主义的解读呈现多面相的幻象缠绕。要穿越幻象把握马克思主义的本质，需要全面坚持意识形态输灌和学术批判相统一的原则，需要全面坚持讲台与论坛、理论与实践相结合的原则，并以综合创新的方式加强马克思主义对思想政治教育的指导。

**【关键词】**马克思主义　思想政治教育“千面马克思”

在当代中国多元化社会思潮背景下，马克思主义与国内外各种社会思潮交叉渗透，使得马克思主义呈现出了令人眼花缭乱的“千面马克思”幻象。“千面马克思”幻象是因对马克思主义多样化的理解而出现的思想景象，其中既有对马克思主义的正确理解和发展，也有对马克思主义的误解、曲解和颠覆。邓小平曾精辟地指出：“马克思主义是什么，过去我们并没有完全搞清楚。”①什么才是真正的马克思主义？这并不是一个简单的问题，因为马克思主义的内涵和精神

---

* 本文系国家社会科学基金项目“坚持马克思主义在我国意识形态领域指导地位深层次研究”（项目编号：09BKS039）、辽宁省高校党建理论立项研究课题重大项目“高校青年教师信仰状况与信仰塑造的一般规律问题研究”（项目编号：GXDJ2012-B001）的阶段性成果。

①《邓小平文选》第3卷，人民出版社1993年版，第137页。

实质并不是自明的，当前的思想政治教育研究的学术棱镜中，出现了各式各样对马克思主义本真精神的解读范式，这在一定程度上影响了思想政治教育的实践。如何完整、准确地理解什么是马克思主义，如何在思想政治教育领域研究中加强马克思主义的指导地位，这不仅是一个理论问题，更是一个非常重要的实践问题。

## 一、对马克思主义三种解读范式的辨析

穿越令人眼花缭乱的"千面马克思"的历史时空，我们发现对马克思主义的多样性理解可以归结为三大范式：一是斯大林教条主义意识形态框架解读范式[①]；二是西方马克思主义解读范式；三是中国马克思主义解读范式。

### （一）斯大林教条主义意识形态框架解读范式

斯大林教条主义意识形态框架解读范式是我们最为熟悉的苏联官方教科书体系，它始于斯大林主持撰写的《联共（布）党史简明教程》第四章第二节"论辩证唯物主义和历史唯物主义"，成于康斯坦丁诺夫著的《马克思列宁主义哲学原理》。斯大林教条主义意识形态框架的最大弊端是以脱离人的实践活动的抽象物质本体论作为马克思主义的理论基础，认为历史唯物主义只不过是辩证唯物主义即一种自然观在社会历史领域的推广运用。这种研究路径最根本的缺陷是抹杀了马克思新唯物主义即历史唯物主义的划时代贡献。[②]可以说，改革开放以来，我国的思想政治教育实践取得了重大成就，就是因为我们的思想政治教育研究逐步扬弃了斯大林教条主义意识形态教科书体系。

### （二）西方马克思主义解读范式

西方马克思主义解读范式是指由卢卡奇、葛兰西所开创的，结合西方社会思潮的某个流派为中介的马克思主义解读范式。这种解读范式并没有一种固定的模板，而是形成了"千面马克思"主义，如弗洛伊德主义的马克思主义、存在主义的马克思主义、结构主义的马克思主义、分析主义的马克思主义、黑格尔主义的马克思主义等。在解读马克思主义的过程中，西方马克思主义遇到了一些令人深

---

① 张一兵：《回到列宁：关于"哲学笔记"的一种后文本学解读》，江苏人民出版社 2008 年版，第 54 页。

② 杨耕：《为马克思辩护：对马克思哲学的一种新解读》，北京师范大学出版社 2004 年版，第 3 页。

思的问题，而且这些问题也是西方马克思主义与斯大林教条主义意识形态框架解读范式争论中主要涉及的问题。这些问题主要包括：第一，马克思等于马克思主义吗？第二，青年马克思的思想观点等于老年马克思的思想观点吗？第三，“以恩格斯解读马克思”等于“以马克思解读马克思”吗？第四，怎样准确完整地理解马克思主义的科学体系？

### （三）中国马克思主义解读范式

中国马克思主义解读范式是指由毛泽东、邓小平等共产党人所开创的，把马克思主义基本原理同中国具体实际与时代特征相结合的解读范式。

当前，我国马克思主义理论学界在坚持把马克思主义基本原理与中国具体实际相结合的过程中，早已摆脱了斯大林教条主义意识形态教科书体系的束缚。但是，改革开放以来西方马克思主义作为一种“新”思潮广泛涌入，有些人甚至将其奉为圭臬，称作“真正的马克思主义”。对此，我们必须加以深思和慎重对待。在研究西方马克思主义时，要注意如下三个问题：第一，西方马克思主义等于马克思主义吗？第二，西方马克思主义的这种借助西方社会思潮的某个流派为“中介”解读马克思主义的研究范式是否具有科学性？第三，目前中国思想政治教育最迫切和最重要的问题，是不是我们怎样以当代中国特色社会主义实践的实际问题为中心建构中国特色社会主义哲学、中国特色社会主义政治经济学和中国特色的科学社会主义？

## 二、中国思想政治教育研究范式的嬗变和面临的新问题

中国思想政治教育研究在学术棱镜的折射下，研究范式实现了从“全民皆马”到“千面马克思”的嬗变后，面临着“中介化”解读模式所导致的非马克思主义话语倾向的挑战，目前亟待全面摆脱对马克思主义的解读呈现多面相的幻象缠绕。

### （一）穿越“全民皆马”幻象

中华人民共和国成立以后，马克思主义成了中国社会的主流意识形态。在处理马克思主义与中国其他社会意识的关系时，也曾走过一些弯路。在“文化大革命”时期出现“罢黜百家，独尊马列”的所谓“全民皆马”的局面，马克思主义的标语口号充斥街头巷尾，甚至出现了上街也得背诵马克思主义语录的情况。“全民皆马”，看似无限繁荣，但是由于在“以阶级斗争为纲”的教条主义意识形态框

架下，政治性的"语录标准"完全取代了学术性的"百花齐放，百家争鸣"方针，这种表面的繁荣严重削弱了马克思主义理论体系的内在生命力，也导致后来马克思主义教科书体系改革举步维艰。当前，党中央实施的马克思主义理论研究和建设工程，将在彻底打破斯大林教条主义意识形态框架教科书体系基础上，形成中国特色的马克思主义理论体系、学科体系和教材体系。

### （二）面临"中介化"解读模式所导致的非马克思主义话语倾向的挑战

当代中国的思想政治教育研究呈现出了"百花齐放，百家争鸣"的景象，思想政治教育研究由一元化指导思想"取代"多元化社会思潮，转向一元化指导思想"引领"多样性的社会思潮的崭新局面。随之而来的是"千面马克思"主义相继出现，诸如弗洛伊德主义的马克思主义、存在主义的马克思主义、结构主义的马克思主义、分析主义的马克思主义等。这种景象的出现，一方面是对过去意识形态教条主义的矫枉过正，另一方面直接与当代社会思潮尤其是对西方马克思主义的借用直接相关。

"千面马克思"主义的一个共同特点，就是以某种其他思想为中介来解读马克思主义。有些学者试图通过西方社会思潮，尤其是现代西方社会思潮，来重新阐释、理解以至重新表述或重铸马克思主义。通过"中介"来解读，不是不可以，按照当代解释学的观点，任何理解都不可能是完全客观的，而必然渗透着其他的思想，解读其实就是要在视域间实现融合。可是问题在于，有些解读对所谓"中介"思想的关注，要远胜过对于马克思或马克思主义的关注，实际上造成了对马克思著作和思想的误解，甚至是曲解，呈现出了一定程度上的"非马克思倾向"。同时，这样的马克思主义研究中的"学术性"追求，与其说是要恢复、挖掘和高扬马克思主义理论自身的学术性，不如说是贬低了它的学术性。这是当下马克思或马克思主义研究中的学术性诉求所面临的理论困境之一。

通过"中介"解读马克思主义，虽然在一定程度上扩大了马克思主义理论与思想政治教育的疆域，但不可否认的是，它对于马克思主义理论与那些"中介"之间的"过度诠释"，淡化甚至模糊了马克思主义理论自身固有的边界，使其作为西方社会思潮漫长历史中的某个"流派"、某种"样态"的价值远远大于它作为无产阶级解放自己的革命理论的价值，这将会导致非马克思主义话语倾向的出现。

### （三）尚需摆脱"千面马克思"的幻象缠绕

改革开放以来，中国马克思主义学界冲破了对马克思主义的教条主义的理解以后，研究马克思主义思想政治教育的视角大大丰富，但是对马克思主义理解的不一致性，甚至冲突性和对立性的理解也大大增加了。在不一致的甚至对立的双方乃至多方的心中，各有各的关于马克思主义面孔的理解，其中有几个问题值得关注。

第一，思想政治教育研究中关于学科归属问题的“三次争论”。每一次争论都是围绕争论的层面、争论的问题和争论的实质这三个方面展开的。“第一次争论”的层面主要涉及思想政治教育学科的领导和决策问题，争论的核心问题是思想政治教育学科应归属于教育学还是政治学，争论的实质是思想政治教育侧重于教育性还是政治性。最后争论的结果是思想政治教育学科属于政治学一级学科，授予法学或教育学学位。“第二次争论”的层面主要涉及思想政治教育学科内部层面问题，争论的核心问题是思想政治教育的学科名称问题，争论的实质是思想政治教育侧重于意识形态性还是社会性。最后以《中共中央国务院关于进一步加强和改进大学生思想政治教育的意见》发布为标志，在主概念的确认、马克思主义理论一级学科的建立、思想政治教育二级学科的归属等方面结束了争论。“第三次争论”的层面主要涉及思想政治教育学科外部层面问题，争论的核心问题是思想政治教育职能与通识教育职能问题，争论的实质是意识形态教育与人文知识教育的关系。目前，这次争论还未达成一致的结果。

第二，在“用马克思主义指导思想政治教育”问题上的歧见有待消除。思想政治教育作为一个学科、专业，如何坚持马克思主义的指导？很多人认为，这似乎不是一个问题，甚至有人说“用马克思主义指导思想政治教育”，这是一个同义反复的伪命题。这种观点认为，思想政治教育本身就是马克思主义的一部分，所有的思想政治教育都是坚持马克思主义科学的世界观和方法论。还有人认为，古今中外都有思想政治教育，思想政治教育是一门独立的学科，不应归在马克思主义一级学科之下，也不应该接受马克思主义指导。由此可见，要想在思想政治教育研究中坚持马克思主义的指导地位，需要做大量工作。需要彻底搞清楚什么是马克思主义，需要密切关注马克思主义与中国具体实际及时代特征相结合的新动向，需要对当前否定思想政治教育的各种社会思潮保持高度政治敏锐性，需要加强马克思主义一级学科整体意识指导思想政治教育研究。

第三，讲坛与论坛的分离。目前，伴随着党中央实施的马克思主义理论研究和建设工程，中国马克思主义理论最新成果和学术论坛上理论研究的重大学术成果进教材、进课堂、进头脑，取得了可喜进展，形成了全国统一的高水平的教材体系和课程体系，涌现了一大批教学名师、优秀教学团队、精品课程等。但是，也不能否认还存在一些不尽如人意的地方。有些思想政治理论课教师的理论水平较低、对“中介化”解读所导致的“非马克思主义”倾向没有批判能力，再加上教学能力不够强，导致课堂教学效果不够理想。马克思主义理论的意识形态性与学术性是辩证统一的，这对思想政治理论课教师提出了更高的要求。教师要善于把我国改革开放以来中国马克思主义理论界研究的重大学术成果体现在思想政治理论课的课堂宣传教育之中。因此，如何在课堂上全面系统地厘清马克思主义学科意识形态性与学术性的关系，使思想政治理论课堂在意识形态传授和学术批判之间保持一定的张力，这不仅是一个理论层面的问题，更是一个实践层面的问题。

第四，文本与现实的割裂。毛泽东在《反对本本主义》一文中说过：“马克思主义的‘本本’是要学习的，但是必须同我国的实际情况相结合。我们需要‘本本’，但是一定要纠正脱离实际情况的本本主义。”①目前我国马克思主义学界掀起了文本学和文献学的研究热潮，这对于打破苏联教科书体系、基于文本重新建构马克思主义的真实内涵和本真精神的解读模式具有重要的意义。但是，有些人在回到“本本”的同时也脱离了现实，甚至用“本本”否定现实，从而导致了文本与现实的割裂。当前，如何自觉自信地把马克思主义的文本学研究和中国的现实问题结合起来，进一步增强马克思主义一元指导思想引领多元社会思潮的作用，仍是应当深入研究的问题。

## 三、以综合创新的方式加强马克思主义对思想政治教育的指导

在各种自认自封的马克思主义不断出现的现实语境中，怎样认清“千面马克思”的真实面相，提升真正的马克思主义一元化指导思想引领多元社会思潮的话语权，无疑是当前中国思想政治教育研究需要解决的重大问题。为此，我们必须以综合创新的方式进一步加强马克思主义对思想政治教育的指导。

### （一）厘清政治性与学术性的辩证关系

思想政治教育理论的建构，是沿着政治性和学术性这两条相互关联的路径进行的。因此，它具有“政治性”和“学术性”两种不同的特性。思想政治教育理论的“政治性”着眼于通过政党转化为实践的纲领、策略等的思想体系；思想政治教育理论的“学术性”着眼于以学术民主和学术自由为原则，从学术的角度对这种“政治性”思想体系是否具有科学性、合理性、合法性进行理论上的辨析和研究。

思想政治教育是政治性与学术性的辩证统一。思想政治教育的研究要注重把

①《毛泽东选集》第1卷，人民出版社1991年版，第111—112页。

政治性与学术性有机地统一起来，并在研究中保持政治性与学术性之间一定的张力。一方面，“不能用马克思主义‘现实化形态’所要求的政治权威性侵害或代替‘学术化形态’所要求的学术权威性，更不能用前者所贯彻的政治原则取代后者所贯彻的学术原则，也就是不能用政治的权威性和政治原则不正当地干预正常的学术研究和学术争论，以防止学术异化”[①]；另一方面，“也不能把‘学术化形态’所要求的学术权威性和学术规范完全贯彻到‘现实化形态’的运作过程中。‘现实化形态’的理论实际上已经成为实践意志的理论，必须毫不迟疑地贯彻下去，而不受无休止的学术争论的影响或干预，更不能用学者个人的不同学术观点来对抗它的实行”[②]。

### （二）坚持论坛与讲台相结合

要增强思想政治教育的吸引力和凝聚力，就要注重把授课讲台和学术论坛有机结合起来。在讲台上，一方面要讲授马克思主义意识形态、政治性的教科书理论体系，另一方面要注重把当代国内外马克思主义的最新学术研究成果和学术动态传授给学生，让学生真真切切地感受到马克思主义仍是我们这个时代的真理和良知。使马克思主义不再是马克思主义研究者个人的“自言自语”，而是马克思主义思想政治教育研究工作者与广大学生和人民大众之间的心灵对话；使马克思主义从象牙塔走到人民大众的日常精神生活中，从而有效地推进马克思主义大众化和通俗化，使更多的人真真切切地感受到学马克思主义“无用才是大用”的道理，并发自内心地乐于学习马克思主义、运用马克思主义。

### （三）坚持理论与实践相结合

马克思在《关于费尔巴哈的提纲》中精辟地指出：“哲学家们只是用不同的方式解释世界，问题在于改变世界。”[③]这就是说，马克思主义不仅是无产阶级认识世界的科学世界观和方法论，而且是改造世界的科学世界观和方法论。要把运用马克思主义理论这一行动指南同改造现实世界的具体实践相结合，去实现对现实世界的能动改造。理论与实践相结合是马克思主义的一条最基本的原则和方法。这就是说，我们不能逃避实际问题去研究马克思主义思想政治教育，我们应该运用马克思主义的立场、观点和方法去分析与解决思想政治教育具体实践中遇到的新情况新问题，绝不能脱离思想政治教育实践中遇到的实际问题，把背得滚瓜烂

---

① 陈晏清：《陈晏清文集》，天津人民出版社 2007 年版，第 77 页。

② 陈晏清：《陈晏清文集》，天津人民出版社 2007 年版，第 78 页。

③《马克思恩格斯选集》第 1 卷，人民出版社 1995 年版，第 136 页。

熟的马克思主义词句当作医治百病的抽象的教条。这是因为马克思主义是我们解决实际问题的行动指南，不是抽象的教条，它并没有为解决实践中遇到的实际问题提供现成的答案。答案只能到马克思主义理论与具体的思想政治教育实践相结合的过程中去寻找。

### （四）加强研究范式的综合创新

在穿越令人眼花缭乱的“千面马克思”的幻象现实中，增强思想政治教育语境中马克思主义一元化指导思想引领多元社会思潮的话语权，必须努力使马克思主义研究与教育学、法学、管理学、政治学、经济学、社会学等学科的研究形成良性互动，只有把马克思主义的研究放置到这样一个更广阔的学术视野和理论空间中去研究，在当前学术棱镜的折射之下，全面借鉴和吸收其他哲学社会科学、自然科学的最新学术研究成果，全面实现马克思主义研究范式的综合创新，才能真正把握马克思主义的本质，才能牢牢掌握马克思主义思想政治教育的话语权，才能理解为什么马克思主义的某些理论需要进一步的丰富和发展，才能真正理解马克思主义为什么是我们这个时代“不可超越的意义视界”[①]。

## 四、结语

要穿越令人眼花缭乱的“千面马克思”幻象，就是要以文本学、文献学和中国的实际问题研究为中心，全面摆脱教条主义意识形态观和西方马克思主义的片面缠绕，警惕马克思主义的“中介化”解读模式所导致的非马克思主义话语倾向；坚持意识形态输灌和学术批判相统一的原则，坚持讲台与论坛、理论与实践相结合的原则；同时，在当前思想政治教育学术棱镜的谱系之下，只有把马克思主义放置到一个更广阔的学术视野和理论空间中去研究，才能进一步加强马克思主义对思想政治教育研究的指导。

---

① 杨耕：《为马克思辩护：对马克思哲学的一种新解读》，北京师范大学出版社 2004 年版，第 7 页。

# 社会主义核心价值观对大学生思想政治教育的启示

徐成芳　赵　颖

**【摘　要】**价值观是人的思想的灵魂和核心，社会主义核心价值观教育是大学生思想政治教育的根本任务和主要内容。要在思想政治理论课中坚持马克思主义理论教育，为大学生提供思想理论武装头脑，要在辅导员对大学生的教育、管理和服务中有针对性地开展以社会主义核心价值观为主要内容的思想政治教育。

**【关键词】**社会主义核心价值观　大学生　思想政治教育

价值观是人们心中的深层信念，是判断是非的标准，是行动遵循的准则。社会主义核心价值观是指人们对社会主义价值的性质、构成、标准和评价的根本看法和态度。党的十八大强调“要深入开展社会主义核心价值体系学习教育，用社会主义核心价值体系引领社会思潮、凝聚社会共识……“倡导富强、民主、文明、和谐，倡导自由、平等、公正、法治，倡导爱国、敬业、诚信、友善，积极培育和践行社会主义核心价值观”①。社会主义核心价值观的提出有力推进了社会主义核心价值体系建设，是社会主义核心价值从宏观层面的体系构建到微观层面的观念凝练。它既根植于中华优秀传统文化，又具有与时俱进的开放性；既是思想政治教育的重要内容，又对高校思想政治教育具有强大的引导和促进作用。

## 一、价值观教育是大学生思想政治教育的关键

社会转型期，我国在经济基础和上层建筑的各个领域都发生了剧烈变化，加之国际敌对势力的“文化渗透”和“和平演变”，当前高校思想政治教育面

---

① 中共中央文献研究室编：《十八大以来重要文献选编》上，中央文献出版社 2014 年版，第 24—25 页。

临前所未有的冲击和挑战。价值观教育历来是高校思想政治教育的重中之重，为大学生精神世界和科学实践提供能量与动力。现阶段，如何进一步运用马克思主义来加强大学生的思想政治教育，确保大学生形成社会主义核心价值观，培育大学生抵御“西化”和“分化”不良影响的抵抗力成为高校思想政治教育的关键。

### （一）价值观教育应坚持马克思主义的理论指导

思想政治教育既把马克思主义理论作为重要教育内容又要坚持以马克思主义为指导，这与马克思主义的理论教育和思想武器功能密不可分。马克思指出：“理论一经掌握群众，也会变成物质力量。理论只要说服人[ad hominem]，就能掌握群众；而理论只要彻底，就能说服人[ad hominem]。所谓彻底，就是抓住事物的根本。”①马克思主义理论的重要作用不仅在于解释世界，更重要的是改造世界。思想政治教育的根本目的是提高人认识世界和改造世界的能力，在改造客观世界的同时改造主观世界。我国也是在经历了一番艰苦卓绝的探索后才选择了马克思主义。鸦片战争以后，我国沦为半殖民地半封建社会。当改良主义、无政府主义、实用主义、民主社会主义等的探索先后失败以后，马克思主义成为中国人民的历史选择。马克思主义与思想政治教育成为密不可分的有机整体，在我国革命、建设和改革中一直处于重要地位，并发挥了重要作用。早在第二次国内革命战争时期，党中央就提出了思想政治工作是“生命线”这一论断。1955 年，又进一步提出了“政治工作是一切经济工作的生命线”的论断。1981 年中共中央在《关于建国以来党的若干历史问题的决议》中强调：“思想政治工作是经济工作和其他一切工作的生命线。”②这些科学论断的提出都是建立在马克思主义理论基础上的，既以马克思主义理论教育为主要内容，又以马克思主义理论为指导。改革开放带来的经济成分多样化、利益关系多样化等因素导致我国意识形态领域的情况越来越复杂，甚至出现了要不要坚持马克思主义在思想领域中主导地位的疑惑和各种“歪理邪说”。现阶段，在高校思想政治教育工作中大力加强社会主义核心价值观教育，积极培育和践行社会主义核心价值观，牢牢掌握意识形态工作领导权和主导权，坚持正确导向，提高引导能力，壮大主流思想舆论，目的就是要旗帜鲜明地坚持马克思主义指导地位。

---

①《马克思恩格斯选集》第 1 卷，人民出版社 1995 年版，第 9—10 页。

② 中共中央党史研究室编：《学习〈中国共产党的七十年〉阅读文件选编》，中共党史出版社 1992 年版，第 68 页。

## （二）社会主义核心价值观教育是引导大学生多样化价值观健康发展的方向标

我国社会目前正在进行的经济结构调整、政治体制改革、文化多元发展等无不在人们的思想领域引起新旧矛盾的交织和观念上的激烈冲突，影响着人们的价值判断和价值观形成。引导多样化价值观的健康发展对缓解社会压力、迎接思想领域挑战、建设和谐稳定的社会极其重要。根据《2011 年全国教育事业发展统计公报》提供的数据：2011 年，全国共有普通高等学校和成人高等学校 2762 所，在校生 3167 万人。高校涉及社会经济、政治、文化生活的方方面面，大学生联系着社会各个阶层。总结历史的经验教训，我们清醒地认识到大学生的思想道德发展状况关系着社会道德建设的整体水平；高校大学生的价值观取向与社会整体价值观的发展相互影响。大学生是道德风尚、社会文明传承的重要载体。改革开放以来，我们维护了高校的稳定发展，保证了大学生价值观的正确发展方向，对社会稳定和国家发展作出了重要贡献。在我国改革攻坚期和进入全面建成小康社会决定性阶段，我们更要以社会主义核心价值观为方向标，努力引导高校大学生的价值观朝着更加健康的方向发展。大学生的世界观、人生观和价值观的确立是外界影响、个人学习和生活经历综合作用的结果，其中价值导向和教育实践的有机结合则是促使外在体验向内心体悟转化，最终外化为行动表现的重要环节。社会转型期，在高校思想政治教育中发挥社会主义核心价值观的导向作用，是解决当前大学生政治信仰模糊、义利观迷茫、价值观扭曲等问题的有效方法。思想政治教育者要通过大力引导促使这种主流意识进一步发展成为大学生在社会生活中共同遵循的规则共识。

## （三）社会主义核心价值观教育是抵御西方“和平演变”的免疫剂

高校思想政治教育肩负着培养社会主义合格建设者和可靠接班人的重任。大学生的思维能力处于较高水平，辩证逻辑思维方式趋于成熟与完善，思维更具独立性与批判性，但大学生的思想水平发展要滞后于思维能力的发展，没有树立牢固的世界观、人生观和价值观，极易受不良思潮和其他观念的影响。因此，在校大学生成为西方社会对我们实施“和平演变”的重点对象。敌对势力利用大学生对宗教的心理需求和好奇心，利用“公民有宗教信仰自由”的政策，在“传教布道”的外衣下打文化渗透、意识形态扩张的“擦边球”。国际敌对势力对我国的“西化”、“分化”和“和平演变”造成大学生的价值观呈现由社会本位向个人本位转移、价值取向由一元主导向多元发展、价值目标由理想化向现实化发展的趋势。“他们正不遗余力地在同我们争夺青年。为了使西方敌对势力的这种图谋彻底遭到破产，我们必须用爱国主义、集体主义、社会主义的思想教育年轻一代。”[①]当前亟待明确树立社会主义核心价值观并实现大众化。目前阶段的思想政治教育不同于以往任何时期的教育。在教育规律上，要摆脱对客观事物和具体形象的依托，趋向理论教育和观念构成。在教育路线上，必须坚持中国特色社会主义不动摇。在教育任务上，要坚决抵御资本主义各种腐朽落后思想的侵袭。高校思想政治教育必须高度重视价值观教育，用科学的思想理论、知识体系和道德实践准则来武装大学生的头脑；提高大学生辩证看待改革开放和社会发展的阶段性问题，理性分析中西方的差异和发展情况的能力；引导大学生牢固树立社会主义、共产主义价值观；给学生思想观念注入正能量，增强对西方文化渗透和意识形态入侵等消极影响与负面作用的抵抗力。

## 二、社会主义核心价值观教育是大学生思想政治教育的主要内容

社会主义核心价值观从国家、社会和个人层面提出“三个倡导”，方向明确，标准清晰，是社会主义核心价值体系的精髓，是国家建设、社会进步和个人发展的思想共识与实践原则，向上关涉观念层面的思想内容，起到引领思想和调控主流意识的作用，向下连接人们生活实际的基本内容，影响个人的成长和发展。社会主义核心价值观的内容与大学生思想实际紧密相连，是思想政治教育的主要内容，是思想政治教育与时俱进的具体体现。

### （一）马克思主义理论体系教育

以马克思主义为指导思想，是体现社会主义本质要求的价值观，是社会主义意识形态的重要组成部分。“我们的党从它一开始，就是一个以马克思列宁主义的理论为基础的党。”[②]改革开放的新时期，邓小平把马克思列宁主义、毛泽东思想作为必须坚持的四项基本原则之一；江泽民指出：“马克思主义是我们立党立国的根本指导思想，是全国各族人民团结奋斗的共同理论基础。”[③]党的十六大以后，胡锦涛强调：“马克思列宁主义、毛泽东思想、邓小平理论和‘三个代表’重要思想，是我们立党立国的根本指导思想，是全党全国各族人民的共同精神支柱，也

① 沙健孙：《坚持马克思主义的指导地位，反对西式教条主义》，《马克思主义研究》2004年5期，第20页。

②《毛泽东选集》第3卷，人民出版社1991年版，第1093页。

③《江泽民文选》第3卷，人民出版社2006年版，第282页。

是我们战胜艰难险阻、抵御错误思想干扰的强大思想武器。我们说要建设社会主义核心价值体系，马克思主义指导地位是最根本的。”①加强马克思主义基本原理、原则和规律教育，培养一批真信、真懂马克思主义的思想政治教育者，确保思想政治教育内容的社会主义方向，能用马克思主义基本原理、观点、立场来分析和解答问题，能引导大学生自觉真学、真用马克思主义。理解马克思主义的实质才能坚定马克思主义信仰，成为有理想、有道德、有文化、有纪律的社会主义建设者和接班人。

社会主义核心价值观是具有中国特色的，是以中国特色社会主义理论和实践为基础的。党的十八大一致同意在党章中把科学发展观和马克思列宁主义、毛泽东思想、邓小平理论、“三个代表”重要思想一同确立为党的指导思想，体现了党的指导思想的与时俱进。思想政治教育就是要用马克思主义中国化最新理论成果教育学生，使学生深刻理解只有中国特色社会主义理论才是解决中国改革开放过程中出现的各种问题的制胜法宝，才是保证中国特色社会主义发展前途和历史命运的理论武器。思想政治教育要善于用马克思主义中国化的最新理论成果引导大学生树立远大理想，提高大学生理论联系实际的能力，提高认识世界、改造世界的能力，树立科学的世界观、人生观和价值观。

### （二）中华民族共同的理想追求教育

在党的十六届六中全会上，党中央首次明确提出“社会主义核心价值体系”，阐述中国特色社会主义共同理想即坚定对中国共产党的信任、坚定走中国特色社会主义道路、坚定实现中华民族的伟大复兴。党的十八大进一步将社会主义核心价值观在国家层面高度概括为富强、民主、文明、和谐，这是对中国特色社会主义共同理想的具体诠释，涵盖了全体公民的共同愿望。富强是要实现民族复兴、国家兴盛、人民富裕；民主是要坚持依法治国，加强党的领导，让人民充分享有民主权利；文明是物质文明、精神文明、政治文明和生态文明有机统一的社会主义文明；和谐是指人人共享社会发展成果的具有中国特色的社会发展状态。这一共同愿望在不同时期虽然各有侧重，但一直贯穿在党的建设和发展历程中。

中华民族在经历了长期的苦难后终于在中国共产党的领导下走上了正确的发展道路，其中很重要的原因在于党的方针、纲领是符合中华民族的理想与追求的。但是，随着时代的不断发展，党的领导力和执行力也在经受着考验。尤其是在经济还不发达、科学技术相对落后、人民的生活还处于较低水平的社会主义初级阶

①《胡锦涛文选》第2卷，人民出版社2016年版，第528页。

段，只有推出具有广泛影响力和生命力的新观念，才能实现不同的思维范式下家国情结的统一。只有在思想政治教育中加强共同理想信念教育，才能凝聚青年学生的共同理想追求，集中表达大学生的国家情感，形成爱国的合力。共同的理想追求是中华民族的共同信念，是奋发图强的不竭动力源泉，是思想政治教育的灵魂内容。

### （三）社会发展共识教育

现阶段，我国的思想、文化、利益日益呈现多元化发展趋势，对能够引导主流价值观发展方向的“社会共识”的需求尤为突出。自由、平等、公正、法治的社会主义核心价值观的提出为社会发展确立了“主心骨”，为多元化时代的高校大学生凝聚了社会共识。要解决因为多样化的生活内容和形式导致的社会思潮多元化问题，解决大学生因诸多社会思潮中正面与负面观念纷扰而产生的判断失误，甚至涉及一些重大的是非问题，就必须加强社会共识教育。要使多样化的社会思潮尽可能最大限度地发挥正面影响，就必须引导大学生正确认识和把握社会主义核心价值观与多样化社会思潮的关系。通过思想政治教育强化社会共识，帮助大学生透过现象看到本质，提升思想认识层次。

社会主义核心价值观是一种正能量的引导力，我们必须要正确地认识和把握社会主义核心价值观和多元化时代的相互作用关系，在多元化的时代中通过思想政治教育牢固树立社会主义核心价值观的价值引领地位。以形成全社会范围内共同的思想基础、道德准则和精神支柱为终极目标，是对多元化社会加以凝聚的主要手段，加强在这一过程中思想政治教育的引导与整合作用，注意尊重与包容，使多样化的社会思潮在保留自身主要特色的同时又能够维护和尊重核心价值的主体地位并找准自己的定位。在当下多元化的生活中准确地界定社会核心价值，并把它作为思想政治教育的根本内容，有助于学生思维能力和价值判断的全面发展，能够为思想政治教育的科学发展增添生机与活力。

### （四）个人道德准则教育

中国传统文化历史悠久、博大精深，向来注重个人的道德修养。早在古代就形成了一套完整的道德体系和标准，如儒家的“孝、悌、忠、信、礼、义、廉、耻”的道德内容。新民主主义革命和社会主义建设初期我们党克服传统道德的局限性，提倡“全心全意为人民服务”、“集体主义”和“诚实守信”等代表无产阶级和广大劳动人民根本利益与长远利益的道德标准。随着改革开放的逐步深入，个人道德素质受到了冲击，导致“义利观念变迁”和“公平认识冲突”，一时间一些人迷失了道德准则。“爱国、敬业、诚信、友善”个人道德准则的重新确立，分别提出了公民个人对国家、对工作、对社会、对他人应担负的责任和应履行的义务，是对中华民族传统美德的凝练，是中国共产党人革命道德和社会主义新时期道德的精华。

中华民族是富有爱国主义光荣传统的伟大民族，爱国一直是团结和鼓舞广大人民的强大动力。新时期，爱国教育应促进爱国感情、爱国思想和爱国行为的统一，增强民族自信心和自豪感，齐心协力，积极投身改革开放与经济建设。要加强大学生敬业教育，引导大学生形成积极的工作态度，培养“干一行，爱一行”的敬业精神，提高“爱一行，钻一行”的敬业能力。此外，新时期的敬业教育还应包括创业意识和创业能力的培养。诚信是立身之本，是“内诚于心”和“外信于人”的有机统一。诚信教育包括个人、家庭、组织和国家四个维度。为人恪守诚信，言行一致，表里如一。家人之间以诚相待，和睦相处，构成社会和谐的基本单位。个人与组织之间诚信相待，践行学业诚信、交通诚信、信贷诚信等，形成良好的社会风尚。从政为官清廉，秉公执法，取信于民。思想政治教育要发挥培养人、塑造人、发展人、完善人的功能，实现“人之所以为人”的全面自由发展目标，必须遵循“爱国、敬业、诚信、友善”的个人道德教育准则。

## 三、以社会主义核心价值观引导思想政治教育的发展

社会主义核心价值观教育是思想政治教育的题中之义，具有教育对象的重叠性、教育内容的包含性和教育目标的一致性特征。思想政治教育是社会主义核心价值观教育的主阵地和主渠道，社会主义核心价值观对思想政治教育在理论上和实践上具有引导作用，明确回答了思想政治教育“培养什么样的人，怎样培养人”的问题。

### （一）加强马克思主义理论指导，增强思想政治教育思想引领作用

党的十六届四中全会指出：“坚持马克思主义在意识形态领域的指导地位，不断增强党的思想理论工作的创造力、说服力、感召力，着力回答重大理论和实际问题。”[①]马克思主义是人类优秀文化的结晶，是开放的、与时俱进的，是科学性、阶级性和实践性的统一。以社会主义核心价值观为引导，在思想政治教育中要始终坚持马克思主义的指导地位，用历史和实践的经验阐明只有马克思主义才是科学的理论。思想政治教育的理论灌输要取得效果就要帮助学生站稳马克思主义基

① 本书编写组编：《〈中共中央关于加强党的执政能力建设的决定〉辅导读本》，人民出版社2004年版，第20页。

本立场，运用马克思主义的基本理论、基本观点对西方的非马克思主义和反马克思主义的错误思想进行有效的批判，在批判中加强学生对马克思主义的亲近感和自觉接受程度，使马克思主义成为当代大学生的思想武器。

在思想政治教育中还要坚持以中国特色社会主义发展理论为指导，这不仅是思想政治教育发展的理论动力，更是解决当前大学生思想素质发展不协调和道德滑坡等问题的现实需要。理论只有与时俱进，才能更具活力和吸引力。邓小平理论、“三个代表”重要思想、科学发展观、习近平新时代中国特色社会主义思想是对马克思主义理论体系的发展，是解决中国改革实践过程中出现的诸多问题的理论依据。教育只有深入人心才能触动灵魂，才能取得实效。思想政治教育要想为广大学生所认可和接受，并取得效果，就要以马克思主义理论中国化最新成果为指导，将思想政治工作做到大学生心里，只有这样才能促使学生在众多理论和观念中学会选择、学会认知，学会透过现象看到本质。提倡人文关怀，从大学生的需要出发，为大学生的发展出谋划策，解决大学生的实际问题，只有这样才能增强思想政治教育的理论吸引力，发挥思想引领作用。

### （二）完善思想政治理论课教学，增强思想政治教育理论武装作用

思想政治理论课教学是大学生思想政治教育的主渠道，在社会主义核心价值观教育中也发挥着其他学科不可替代的作用。“人们认同、接受某种思想、观念是一个复杂的思想矛盾运动过程，包括了主体对外界刺激信息进行反应、选择、整合、内化等一系列环节，是主体能动性、受动性辩证统一的过程。”①抓住课堂教育这一主渠道，对大学生进行社会主义核心价值观教育，既要把握大学生价值观认知、接受和形成的特点，还要在课堂教学中充分挖掘课程所蕴含的社会主义核心价值观教育资源，把社会主义核心价值观教育与课程育人目标有机结合，贯穿教学的全过程。

在思想政治理论课中加强社会主义核心价值观教育，要求教师不断提高理论水平。教师只有具备深厚的理论基础，才能帮助学生形成完善的知识体系，构建起社会主义核心价值观的理论结构。教师只有通过独特的学术魅力，才能启迪学生的思想，激发学生对社会主义核心价值观产生认知需求。在思想政治理论课中加强社会主义核心价值观教育，要求教师不断提高教学实践能力。教师要充分利用新媒体技术，不断创新授课形式，改善授课方法，改革考核方式，要始终保持社会主义核心价值观的一元主导地位，使价值观教育充满生机、充满活力。在思想政治理论课中加强社会主义核心价值观教育，要求教师在教育中融入真情，

---

① 吴丽兵、汪俊：《认同：高校社会主义核心价值体系教育的关键环节》，《安徽师范大学学报（人文社会科学版）》2009 年第 2 期，第 10 页。

只有建立深厚的师生情谊与学生产生共鸣，才能鼓舞学生自觉接受社会主义核心价值观的主动性。这种理论水平高、实践能力强、饱含真情的思想政治理论课教育能更有效地发挥思想政治教育的主渠道和主阵地作用，增强思想政治教育的实效性。

### （三）促进服务型辅导员角色转化，增强思想政治教育服务育人功能

高校辅导员是大学生思想政治教育的骨干力量，积极用社会主义核心价值观引领学生思想发展，培养学生良好道德素质是辅导员工作的重要内容。以社会主义核心价值观指导辅导员工作，首先，要求辅导员要成为学习和践行社会主义核心价值观的先行者，成为学生学习和效仿的榜样。这就促使辅导员要不断提高自身道德修养，深度理解和认可岗位职责，不断提高职业技能，而这正是辅导员职业化和专业化发展的必然要求。其次，辅导员要完成好对学生进行价值观教育的任务。这要求辅导员要了解和掌握学生思想发展上的差异性，对思想进步的学生要着力培养，树立典范，发挥强大的带动作用。对思想落后的学生更要加以关注，努力摸清学生的思想根源，予以正面引导，使之尽快朝着正确的方向发展。辅导员要包容学生价值观的多样化发展，但要坚决抵制各种落后和错误思想的影响。最后，辅导员要为学生的成长成才提供高质量的服务工作。思想政治教育工作应该也是一种服务型的工作，这就必然要求辅导员要自觉转换角色，成为一名服务型的辅导员。

服务型辅导员是对辅导员诸多素质的协调和统筹，是对辅导员综合素质提出的更高要求。要求辅导员以坚定的政治素质保障思想政治工作的正确方向；以先进的管理素质和能力实施思想政治教育工作；以高尚的道德修养和高度的社会责任意识践行岗位职责；以较高的理论水平和专业能力促进辅导员的专业化、职业化发展。在日常工作中，要坚持公平的原则，以平等交流的工作方式促进学生发展。服务型辅导员要充满人文关怀，以“以人为本”为出发点，把人的全面自由发展作为落脚点；以广大学生的利益为本，从学生的根本利益出发谋划和部署工作，最大限度地满足学生的需求。服务型辅导员要尊重学生、理解学生，要为学生营造健康的精神家园。服务型辅导员的工作成果会为学生所感知、所接受，会让最广大的学生受惠，能够最大限度地发挥思想政治教育服务育人的作用。

总之，社会主义核心价值观的提出，给高校思想政治教育注入了新的“正能量”，也提出了更高的要求。广大辅导员应当积极行动起来，与思想政治理论课教师紧密配合，形成社会主义核心价值观合力。既要明确思想政治教育是社会主义

核心价值观教育的重要途径，又要把社会主义核心价值观教育与加强和改进思想政治教育有机结合，以社会主义核心价值观为引导，不断丰富教育内容，增强高校思想政治教育的实效性和时代感，实现高校思想政治教育的新发展。

# 马克思共产主义观及教育启示*

张艳宏　徐成芳

**【摘　要】**共产主义是马克思主义理论的核心。学术界对马克思共产主义内涵进行了多角度、多方面的阐释和解读。在马克思主义经典文本那里，共产主义是一种多重内涵的规定，是思想体系、现实运动和社会制度具体、历史的统一。马克思共产主义观对当前共产主义教育的启示在于：要注重对共产主义整体性的解读；要凸显共产主义人文关怀的价值取向；要将共产主义理想教育与现实性相结合。

**【关键词】**马克思　共产主义　本质内涵　教育启示

共产主义是马克思主义理论的核心，共产主义教育是思想政治教育的主题。我国当前的共产主义教育面临着挑战：人们对共产主义或避而不谈或敬而远之，共产主义似乎淡出了人们的视野。这种状况的出现虽然与国际共产主义运动的低潮及改革开放环境下多元意识形态的冲击有关，但就共产主义教育本身来说，与我们长期以来偏离马克思共产主义思想的整体蕴涵有直接关系。所以，当前的共产主义教育必须回归马克思共产主义思想的本质内涵，立足于马克思共产主义思想的整体性，从凸显共产主义理想的人文关怀、注重共产主义与当今现实的关系等视角进行科学阐释和全面解读，引导人们主动地选择和信仰共产主义，增强共产主义教育的实效性。

## 一、我国理论界关于共产主义内涵的主要观点

关于共产主义的内涵，我国理论界进行了多方面的、多角度的解读和阐释，

---

* 本文系大连外国语大学教改项目“理想信念培育视阈下的马克思主义基本原理教学体系转化研究”（项目编号：2017Y36）的阶段性成果。

形成了多种观点。

**1. 哲学共产主义**

这种观点认为，马克思在《1844年经济学哲学手稿》中从超越现实经验生活的形上境界来理解共产主义，将共产主义表述为“人的自我异化的积极的扬弃”，“对人的本质的真正占有”，是“完成了的自然主义”和“完成了的人道主义”的统一。[①]于是推定：马克思的论述表明马克思所理解的共产主义并不是一种实体性的平台，而主要是哲学视域中的意义、价值和情境。[②]从哲学的形而上学来理解共产主义，突出了共产主义的意义情境和价值宗旨，在批判传统的将共产主义停留在社会制度和社会形态等实体性解读方面见解深刻、意义重大。但这种观点将共产主义看成一种“价值悬设”和“应然存在”，使共产主义滑向了抽象的道德先验论，导致共产主义伦理化，从而与马克思在“批判旧世界”的社会历史维度中建构共产主义新世界的思想原则相背离。

**2. 共产主义的二维划分**

有学者认为，在马克思的共产主义思想发展过程中，经历了从“哲学共产主义”向“经济学共产主义”的转变过程。他们认为，《1844 年经济学哲学手稿》中的共产主义重点强调人与自然、人与社会的哲学问题，是一种哲学的理想性，因而这里的共产主义主要是一种“哲学的范畴”。在以后的思想中，马克思更强调社会制度、所有制等“经济学意义上”的共产主义。[③]与此类似，有学者将共产主义划分为狭义和广义两种。狭义的共产主义主要指政治经济学意义上的“科学共产主义”，广义的共产主义主要指人道意义上的“哲学共产主义” 。[④]可以说，这些观点相较于“哲学共产主义”的一维阐释视界要更全面和深刻，特别是他们看到了青年马克思在唯物主义世界观和共产主义立场确立前后其共产主义表述方式和思想高度的变化与不同。但是，这种将共产主义进行“二分”的解读又是以青年马克思和老年马克思思想上存在“认识论的断裂”为理论前提的。这就割裂了马克思哲学革命前后的共产主义思想的内在联系和有机统一，因此不利于人们对共产主义思想进行整体性把握和理解。

**3. 共产主义的多维阐释**

近年来，针对共产主义思想解读过程中的片面化、肢解化错误倾向，更多的学者开始对共产主义进行全面的、多方位的解读和阐释。比如，有学者从实践品

---

①《马克思恩格斯文集》第1卷，人民出版社2009年版，第185页。

② 张奎良：《马克思共产主义思想的哲学意蕴》，《哲学研究》2003年第4期，第36页。

③ 贺麟：《辩证法和哲学的理想性》，《社会科学战线》1988年第1期，第62页。

④ 傅长吉、丛大川：《对卡尔·马克思“共产主义”另（理）想的解读》，《广东社会科学》2007年第1期，第70页。

格、批判精神和人文关怀三重向度对共产主义进行解读。[①]有学者从共产主义学说与人的生存境遇的本质性关系进行描述，认为共产主义是存在之维、科学之维和价值之维三维视界的统一。[②]还有学者提出了共产主义思想的四重内涵：一是共产主义作为“人性的复归”；二是共产主义作为“人类生存理想”；三是共产主义作为“自由人的联合体”；四是共产主义作为人类解放的“革命行动”。[③]

总之，上述观点从不同角度揭示了马克思共产主义思想的深刻性和多重规定性，较好地联系了我国当前的经济社会发展实际及现代人的生存境遇进行解读和阐释。但是，之所以人们对共产主义理解的多有偏颇和歧见，与我们长期以来忽视马克思文本研究、片面地解读经典著作中的共产主义思想不无关系。为此，要澄清对共产主义思想的误解与偏离，就要回归马克思主义经典著作，还原马克思共产主义的整体蕴涵和本真精神，彰显共产主义应有的价值意蕴。

## 二、从“回到马克思”看共产主义的本真蕴涵

依据马克思经典著作中的表述，从理论维度、现实维度和制度维度进行揭示与概括，笔者认为共产主义是思想体系、现实运动和社会制度的具体、历史的统一整体。

**1. 作为思想体系的共产主义**

共产主义作为思想体系是以马克思的“两大理论”即唯物史观和剩余价值学说为基石的，以解放无产阶级及全人类为宗旨，通过深刻揭示资本主义生产方式的内在矛盾和资本主义社会的发展规律，最终建立共产主义的科学理论和方法体系。恩格斯将其概括为：“关于无产阶级解放的条件的学说。”[④]也就是说，共产主义作为理论，是无产阶级的世界观和价值观，是无产阶级同资产阶级进行斗争并争取自身解放的理论表现和思想指南。针对有人否定共产主义的无产阶级性质，鼓吹凌驾于一切阶级对立和阶级斗争之上的社会主义的主张，恩格斯不仅讽刺他们是“新手”，还严厉指责他们是“工人的最凶恶的敌人，是披着羊皮的豺狼”[⑤]。

---

① 张啸尘：《马克思共产主义学说的三重向度》，《绍兴文理学院学报（哲学社会科学版）》2002年第4期，第23—25页。

② 刘文艺：《马克思共产主义学说的三维视界》，《湖南社会科学》2012年第1期，第29—31页。

③ 张剑抒：《马克思共产主义思想的四重内涵》，《社会科学辑刊》2010年第5期，第19—21页。

④《马克思恩格斯文集》第1卷，人民出版社2009年版，第676页。

⑤《马克思恩格斯全集》第28卷，人民出版社2018年版，第13页。

对此，恩格斯结合自己青年时期的论断“共产主义不是一种单纯的工人阶级的党派性学说，而是一种目的在于把连同资本家在内的整个社会从现存关系的狭小范围中解放出来的理论”[①]，指出：“这在抽象的意义上是正确的，然而在实践中在大多数情况下是无益的，甚至是有害的。”[②]他明确表示，只要资产阶级不感到有任何解放的需要，他们就不会自动退出历史舞台，他们就会全力反对工人阶级的解放革命，那么工人阶级就应当单独地进行革命斗争和实现社会变革。由此可见，恩格斯始终坚持共产主义是无产阶级解放的性质、条件和目的的学说。在马克思和恩格斯那里，共产主义就是无产阶级的思想体系，就是无产阶级争取自身解放及实现全人类解放的理论。

**2. 作为现实运动的共产主义**

共产主义不仅是一种思想体系，还是无产阶级在这种思想体系指导下追求解放的实践运动。在《1844年经济学哲学手稿》中，马克思还没有完成对费尔巴哈的彻底批判，他从人本唯物主义立场出发，将共产主义理解为通过扬弃私有财产从而使人的本质向人自身复归和生成的现实运动。他指出：“要扬弃私有财产的思想，有思想上的共产主义就完全够了。而要扬弃现实的私有财产，则必须有现实的共产主义行动。”[③]尽管此时马克思对共产主义的理解总体上还受人本主义异化史观的支配，但这里已经开始蕴含了一种新的理论出发点，即通过对国民经济学的批判研究，从现实物质生产出发去考察共产主义的客观基础；同时提出共产主义运动必然要在私有财产的运动中，在经济的运动中，为自己找到现实的经验的基础。在《德意志意识形态》中，马克思和恩格斯将共产主义置于唯物史观的基础之上，完成了向科学共产主义的转变。他们从生产力和交往形式的矛盾出发去说明共产主义思想和运动，进一步论述了共产主义的现实性，指出共产主义不是“应当”确立的状况，不是“应当”的理想，而是“消灭现存状况的现实的运动”[④]，“是用实际手段来追求实际目的的最实际的运动”[⑤]。这个运动是以生产力的普遍发展和与此相联系的世界交往为前提的，没有高度发展的生产力就会有贫穷的普遍化，没有与生产力相联系的世界的普遍交往的扩大，就不会有世界历史意义的共产主义的实现。所以，在马克思看来，共产主义是从资本主义现代生产力和交往形式中发展出来的，它是资本主义大工业及其矛盾运动的产物，是无产阶级反抗资产阶级争取自身解放的国际共产主义运动。

---

①《马克思恩格斯全集》第28卷，人民出版社2018年版，第373页。

②《马克思恩格斯全集》第28卷，人民出版社2018年版，第373页。

③《马克思恩格斯文集》第1卷，人民出版社2009年版，第231-232页。

④《马克思恩格斯文集》第1卷，人民出版社2009年版，第539页。

⑤《马克思恩格斯全集》第3卷，人民出版社1956年版，第236页。

### 3. 作为社会制度的共产主义

共产主义作为社会制度或者社会形态，是无产阶级及劳动人民追求自身解放、进行社会变革、促进社会进步和人的自由全面发展而达到的一种理想社会状态。它是生产力和生产关系、经济基础和上层建筑的有机统一体，是社会基本矛盾运动发展的必然结果。马克思认为，当资本主义社会的生产力与生产关系变得不相适应时，资本主义社会内部产生的"一些交往关系和生产关系"就成为"炸毁这个社会的地雷"[①]，共产主义新社会将在资本主义社会的胎胞里得以孕育、发展和成熟。马克思在1875年写的《哥达纲领批判》中，对共产主义社会的理论进行了比较详细、完整的论述。在马克思主义创始人那里，共产主义社会存在两个主要的阶段：初级阶段的共产主义和高级阶段的共产主义。作为初级阶段的共产主义，它实际上是奠基在资本主义基础上的共产主义，是刚刚从资本主义社会产生出来的共产主义社会的第一阶段。这样的共产主义"在经济、道德和精神方面都还带着它脱胎出来的那个旧社会的痕迹"[②]。也就是说，按照马克思的设想，共产主义是建立在资本主义生产力基础上的，只有经过资本主义现代生产力的充分展开和高度发展，才能进入共产主义的高级阶段。接着，马克思又分析了作为高级阶段的共产主义的社会特征。高级阶段的共产主义是建立在个人的全面发展、生产力的增长、物质财富的充分涌流基础上的。到那时，共产主义社会"才能在自己的旗帜上写上：各尽所能，按需分配！"[③]由此可见，马克思所强调的共产主义社会制度是建立在生产力与生产关系的矛盾运动基础上的，是对资本主义生产方式及矛盾运动批判基础上得出的历史结论，是对人类社会发展规律的总结。

## 三、共产主义的教育回归

共产主义的多重规定和本真蕴涵启示我们必须回归共产主义的本真蕴涵，将共产主义内化为人们的主体素养，只有这样才能引导人们主动选择和信仰共产主义。

### 1. 要回归共产主义的整体性

以往人们解读共产主义理论往往将其片面化、肢解化。例如，将共产主义从社会规律角度与从主体认识角度分离，将共产主义进行哲学和经济学的学科划分，对马克思进行青年与老年时期的分割等。尽管视角不同，但共同倾向都局限于马

---

①《马克思恩格斯全集》第46卷，人民出版社1979年版，第106页。

②《马克思恩格斯选集》第3卷，人民出版社2012年版，第363页。

③《马克思恩格斯文集》第3卷，人民出版社2009年版，第436页。

克思共产主义思想的某一方面、某一学科或者某一时期思想的片面解读，并不是对马克思共产主义观的完整界定。其实，马克思的共产主义观有一个发展过程，历史上没有“青年”与“老年”马克思的共产主义之分，也没有不同学科的共产主义之别，只有共产主义思想在不同时期发展的历史轨迹。马克思从其哲学——“新唯物论”出发，通过政治经济学对当时的资本主义进行了批判，确立了致力于人类解放的共产主义理想。无论是马克思主义哲学、政治经济学还是科学社会主义理论，都是对无产阶级和全人类解放这个核心主题的理论说明与科学论证。马克思的哲学、政治经济学和科学社会主义是紧密联系在一起的，它们共同构成整体的马克思共产主义观。我国高校《马克思主义基本原理概论》教材这样界定共产主义内涵：“共产主义不仅是一种科学的理论和这种理论指导下的现实的运动，而且是一种未来的社会制度和社会形态。”[①]也就是说，马克思的共产主义观包括思想体系、现实运动和社会制度三方面的统一，是科学和价值、理想和现实、人的解放和社会发展的统一。整体性构成共产主义内涵的根本属性，我们要用整体性思维来理解和阐释共产主义。

**2. 要凸显共产主义的人文关怀**

追求人类自由解放是马克思共产主义学说的价值宗旨和终极关怀。在《1844年经济学哲学手稿》中，马克思就从实现人类本质角度提出共产主义的价值理想，指出共产主义是“人的解放和复原的一个现实的、对下一段历史发展来说是必然的环节”[②]。在《共产党宣言》中，马克思提出未来社会的本质特征是：“每个人的自由发展是一切人的自由发展的条件。”[③]恩格斯晚年仍然用《共产党宣言》中的上面这句话来展望未来的社会主义，并且认为“再也找不出合适的了”[④]。在《1857—1858年经济学手稿》中，马克思认为未来新社会是“一个更高级的、以每一个个人的全面而自由的发展为基本原则的社会形式”[⑤]。共产主义以其对人类解放的永恒追求和对人的自由全面发展的终极关怀为我们提供与树立了应该追求的理想信念及人文情怀。对于当代共产主义教育来说，凸显人的自由解放这一价值理想对于理解和认识马克思的共产主义思想有其积极的现实意义，它可以改变革命和建设时期单纯追求所有制变革与经济发展、忽视人的发展的错误倾向，将共产主义理想与人的发展、与个性解放融合在一起，更易于人们将共产主义内化为个体的主体素养和精神信仰。

---

① 本书编写组：《马克思主义基本原理概论》，高等教育出版社2015年版，第273页。

②《马克思恩格斯文集》第1卷，人民出版社2009年版，第197页。

③《马克思恩格斯文集》第2卷，人民出版社2009年版，第53页。

④《马克思恩格斯全集》第39卷，人民出版社1974年版，第189页。

⑤《马克思恩格斯文集》第5卷，人民出版社2009年版，第683页。

**3. 要将共产主义理想与中国特色社会主义建设相结合**

共产主义是理想目标和现实运动的统一。马克思曾批评那种忽视现实运动、把共产主义理解成单纯的“应然理想”的错误倾向。他警告大家，共产主义不是“应当”的状况、不是“应当”的理想，共产主义是无产阶级反对资产阶级的“现实”的人类解放运动。在我国社会主义建设的历史实践中，就曾出现忽视社会主义建设实际、盲目向共产主义“跃进”的错误倾向，给我国社会主义建设和人类解放事业带来了重大的损失。而在当下的社会主义建设中，又出现了忽视共产主义远大理想，以及将共产主义推向虚无缥缈、遥不可及的未来的错误倾向。这两种错误倾向的实质都是割裂了理想与现实、共产主义远大理想与中国特色社会主义现阶段的关系。实际上，在当前的中国特色社会主义建设中，共产主义与中国特色社会主义是同一社会历史进程中的远与近、高与低的关系。没有共产主义的远大理想，中国特色社会主义就失去了历史方位和前进方向；离开中国特色社会主义，共产主义的远大理想就失去了现实依托。而如果看不到眼前的发展实际，看不到共产主义的远大理想需要通过社会主义的建设来实现，就会使共产主义理想陷于脱离实际的幻想和空想之中。因此，在对待共产主义与中国特色社会主义的关系问题上，我们要坚持理想与现实、目标与过程的统一。正如习近平同志所说：“中国特色社会主义，是科学社会主义理论逻辑和中国社会发展历史逻辑的辩证统一。”[①]党的十八大以来，实现中华民族伟大复兴的中国梦的提出，正是马克思共产主义理想观的创新发展与现实表达。[②]它承载着中国人民的共同理想和对未来社会的美好愿望，是中国化与时代性、民族梦与人类梦的辩证统一。每一个中国人都应该积极投身于中国特色社会主义建设事业，为实现中华民族伟大复兴的中国梦和实现共产主义而奋斗。

---

① 习近平：《习近平谈治国理政》第2卷，外文出版社2017年版，第21页。

② 胡宇南、吴满意：《马恩科学理想观与中国传统理想观之沿承与实践的中国梦》，《思想政治教育研究》2015年第2期，第27页。

# 后　记

我读小学和中学是在20世纪70年代，读大学和研究生在80年代，90年代又攻读了博士学位，之后成为硕士生导师和博士生导师，从事马克思主义理论教育和研究工作已经30年有余。一路走来，父母的养育之恩、从小学到大学老师们的教导之恩、同事领导和亲人的批评帮助之恩、众多先贤前辈专家学者的指点启发之恩、中华优秀传统文化和国外优秀文化的滋养之恩、马克思主义理论的哺育引领之恩，汇聚成源源不断的精神力量，推动我不断克服缺点、向学向善向上。我亲身经历了改革开放前后两个历史时期，亲身感受了这期间世界格局的风云变幻，见证了中国社会面貌、思想解放、理论创新的阶段性色彩和伟大的历史性跨越，并以奋斗者的姿态融入中华民族伟大复兴的时代洪流，这是我的幸运和幸福。30多年来，我在教学科研过程中，主持完成了“中国共产党的国际战略与对外工作的历史考察”和“坚持马克思主义在我国意识形态领域指导地位深层次研究”两项国家社会科学基金项目，2017年又新获批一项国家社会科学基金项目“中国共产党长期执政条件下意识形态建设规律研究”。我参与了教育部示范优秀教学科研团队建设项目（重点选题）“民族地区高校思想政治理论课实践教学研究”、教育部高校示范马克思主义学院和优秀教学科研团队建设项目（重点选题）“习近平总书记系列重要讲话精神和治国理新理念新思想新战略进思想政治理论课有效机制研究”、内蒙古自治区高校思想政治工作“名师工作室”陈智工作室、内蒙古自治区高校人文社会科学重点研究基地“马克思主义中国化与民族发展研究中心”等项目和平台基地的研究工作。这期间，我和学生及同志们撰写了大量学术论文，涉及面比较广泛，虽略显浅陋但凝结了全部心力，故敝帚自珍，拟归类三个专题结集出版，即“党的领导与党的建设研究”、“意识形态安全与建设问题研究”和“思想政治教育规律问题研究”。其中，“意识形态安全与建设问题研究”专题已经由人民出版社出版。本专题以“思想政治教育规律问题研究”为主题，进行了总体学术设计和梳理，且对单篇进行了校对，补充了最新文献和注释，加工完善之后按照内在的学术逻辑分成“总论篇”、“专题研究篇”和“理论探讨篇”几个部分，我们相信本书能够给读者一些帮助和启发。受知识和理论水平有限，本书仍存在不足之处，敬请专家同仁批评指正。

本书的出版，既是我教学科研的阶段性总结又是面向未来的加油站和新起点。衷心感谢我的学生们及同志们的精诚合作与辛勤付出！衷心感谢内蒙古大学马克思主义学院和有关科研项目与平台的大力支持！衷心感谢科学出版社刘英红、王丽豪及质检审读专家的认真负责和热情帮助！衷心感谢夫人周晓玲女士及家人们的理解和关怀！在中国特色社会主义进入新时代的新征程上，我将继续奋斗再出发，扎根广袤的中国大地耕耘播种、开花结果，始终追求真善美，贡献正能量。

徐成芳

于巍巍的大青山南麓美丽的敕勒川希望阳光苑

2020 年 6 月